本书得到以下项目支持：

- 2016科技成果转化——提升计划项目——北京旅游形象国际整合营销与创新传播战略研究（市级）（项目编号：TJSHS201310031011）
- 教师队伍建设——组织部高创计划教学名师（市级）（项目编号:PXM2016_014221_000010_00206291_FCG）
- 2015年北京社科规划基地项目——"一带一路"背景下京津冀旅游一体化战略研究（项目编号：15JDJGA006）
- 国家自然科学基金项目——基于地格视角的旅游目的地品牌基因选择研究(2017～2020)（项目编号：71673015/G031031）

MTA经典案例丛书

嬉戏谷模式

Joyland Mode

邹统钎　主编

经济管理出版社
ECONOMY & MANAGEMENT PUBLISHING HOUSE

图书在版编目（CIP）数据

嬉戏谷模式/邹统钎主编 . —北京：经济管理出版社，2016. 5
ISBN 978 - 7 - 5096 - 4424 - 9

Ⅰ . ①嬉…　Ⅱ . ①邹…　Ⅲ . ①游乐场—经营管理—概况—中国　Ⅳ . ①F719. 5

中国版本图书馆 CIP 数据核字（2016）第 116707 号

组稿编辑：王光艳
责任编辑：许　兵
责任印制：黄章平
责任校对：王　淼

出版发行：经济管理出版社
　　　　　（北京市海淀区北蜂窝 8 号中雅大厦 A 座 11 层　100038）
网　　址：www. E - mp. com. cn
电　　话：(010) 51915602
印　　刷：北京玺诚印务有限公司
经　　销：新华书店
开　　本：720mm × 1000mm/16
印　　张：11. 75
字　　数：191 千字
版　　次：2017 年 1 月第 1 版　　2017 年 1 月第 1 次印刷
书　　号：ISBN 978 - 7 - 5096 - 4424 - 9
定　　价：58. 00 元

陈　荣　中国国旅集团副总裁

陈　耀　海南省旅游发展委员会巡视员

丁俊伟　常州嬉戏谷有限公司执行董事／总经理

Nelson Graburn University of California at Berkeley, Professor

谷慧敏　北京第二外国语学院酒店管理学院院长、教授

郭英之　复旦大学旅游系教授

侯长森　吉林省长白山保护区管理委员会旅游集团董事长

韩玉灵　北京第二外国语学院教授、全国MTA教育指导委员会委员

黄远水　华侨大学旅游学院院长、教授

李瑞峰　江西省旅游发展委员会副主任

厉新建　北京第二外国语学院旅游管理学院院长、教授

刘大可　北京第二外国语学院经贸与会展学院院长、教授

刘　锋　巅峰智业集团首席顾问

骆欣庆　北京第二外国语学院MTA中心主任、副教授

江金波　华南理工大学经济与贸易学院副院长、教授

马金刚　青海省旅游局副局长

Fang Meng South Carolina University, Associate Professor

Noel Scott University of Queensland, Professor

孙根年　陕西师范大学旅游与环境学院教授

魏红涛　首都旅游集团有限责任公司党委副书记，
　　　　全国MTA教育指导委员会委员

杨维虎　贵州格凸河旅游开发总公司董事长

叶文智　黄龙洞投资股份有限公司总经理，
　　　　天下凤凰文化传播有限公司董事长

余昌国　国家旅游局人事司副司长

张朝枝　中山大学旅游学院副院长、教授

张河清　广州大学中法旅游学院院长、教授

张　涛　呀诺达雨林文化旅游区董事长

总　序

2010 年 9 月，国务院学位委员会设立了旅游类专业学位硕士——旅游管理专业学位硕士（Master of Tourism Administration），简称 MTA。MTA 主要招收具有一定实践经验，并在未来愿意从事旅游业工作的人员，其目标是培养具有社会责任感和旅游职业精神，掌握旅游管理基础理论、知识和技能，具备国际化视野和战略思维能力，敢于挑战现代旅游业跨国发展的高级应用型旅游管理人才。我国共有 56 所高校获得了第一批旅游管理专业学位硕士（MTA）授予权。

MTA 可以借鉴 MBA 的经验，但是 MTA 绝对不能照搬 MBA 的模式，由于行业特征突出，在规模上无法同 MBA 相比，因而专注行业、服务地方才是 MTA 的制胜之道。

一、世界名校 MTA 教育经验

瑞士洛桑酒店管理学院、美国康奈尔大学、佛罗里达国际大学和中佛罗里达大学、香港理工大学都是世界上旅游管理专业名列前茅的学校，它们在培养目标定位、课程设置和就业指导方面各具特色，培养了一批又一批世界级的旅游行业领袖。

1. 培养目标定位

世界著名旅游院校在专业学位硕士培养方面都有自己明确的目标定位。洛桑酒店管理学院的酒店管理硕士 MHA 的定位是培养酒店业的领导者，而且要培养与酒店相关的一般服务行业的领导者；康奈尔大学的酒店管理硕士 MMH 的定位是培养新一代的世界最大和最具活力的产业领袖，而且是能够引领酒店业潮流的领袖；佛罗里达国际大学酒店管理硕士的定位是培养旅游与酒店行业的领导者；中佛罗里达大学旅游与酒店管理硕士的定位是培养集教育、科研、学术于一身的产业领袖；香港理工大学旅游与酒店管理硕士的定位是培养全球旅游与酒店行业的国际领袖、教育家以及研究人员。从上述可以看出这几所学校的旅游与酒店管理硕士的培养目标都是领导者，但具体的定位各有特点，见表1。

表1　世界旅游名校旅游管理专业学位硕士项目的定位与特色

学校	目标定位	特色
洛桑酒店管理学院	酒店及酒店相关行业的领袖	不仅局限于酒店行业，更渗透到一般服务业
康奈尔大学	新一代世界级产业领袖	"世界级"，而且能引领酒店业潮流
佛罗里达国际大学	旅游与酒店行业的领导者	一般领导者
中佛罗里达大学	酒店和旅游方面集教育、科研、学术于一身的产业领袖	集教育、科研、学术于一身
香港理工大学	全球旅游与酒店行业的国际领袖、教育家以及研究人员	不仅培养行业领袖，也培养教育家和科研人员

2. 课程设置

课程设置是教育教学中非常重要的一个环节，它关系到整个教学过程如何展开。世界著名的旅游院校的课程大都由三部分组成：理论课、实践课以及毕业论文报告。但在具体课程设置上不同学校各具特色。

洛桑酒店管理学院的理论课主要表现为四大模块：酒店艺术、管理科学、战略和公司愿景以及创新和领导。在不同的模块下面设置不同的课程，酒店艺术和管理科学模块主要是让学生对酒店业有基本了解并掌握一些财务知识和技能；战略和公司愿景以及创新和领导模块主要是让学生了解最新的行业动态并掌握适应行业需要的领导能力。实践课主要包含四个实践项目：管理业务项目、职业生涯工作坊、专业发展小组和行业游历。

康奈尔大学MMH的理论课主要包括核心课（如公司财务、管理会计、服务营销管理、运营管理和人力资源等）、集中选修模块课（如市场营销、运筹和税收管理、房地产金融与投资等）和自由选修课，实践项目包括专业培养项目、领导培养计划、实习、酒店管理论坛和大师课堂。

佛罗里达国际大学和中佛罗里达大学的课程设置基本一样，都包括必修课和选修课以及毕业实习。香港理工大学的理论课是由必修课（如旅游与酒店营销、旅游与酒店人力资源、研究方法等）、选修课（如信息管理、文化旅游、服务质量管理、会展管理、旅游战略管理、会议旅游等）以及一些特殊选修课（如会议和事件管理等）组成，实践课包含一个学习技能工作坊。

从以上资料来看，由于不同学校的文化背景不同，目标定位也不同，因而课程设置突出了不同的重点，见表2。

表2　旅游管理硕士课程设置特点

学校	课程设置特点
洛桑酒店管理学院	理论教学主要集中在商学领域，强调操作技能和全面管理，实践教学重在培养学生的岗位适应能力
康奈尔大学	理论教学主要集中在商业和管理领域，实践教学注重培养学生的领导能力
佛罗里达国际大学	理论教学注重管理技能和研究方法的培养，实践教学主要集中在产业实习上
中佛罗里达大学	理论教学注重培养学生的职业能力和综合素质，实践教学注重行业经验的获取
香港理工大学	理论教学主要集中在经济管理以及语言上，并注重研究方法的使用，实践教学注重产业适应能力的培养

3. 就业指导

就业指导工作是旅游教育中非常重要的一个部分，它在一定程度上关系到学生的就业率以及学校的生源。世界旅游名校旅游与酒店硕士教育在就业指导方面有一些非常成功的经验。一是重视就业指导，主要表现在将就业指导贯彻整个教学的始终，从学生进入学校起就开始培养他们就业的各种技能，并在不同的阶段开展不同的培训课程和实践活动。二是拥有庞大的校友网络，通过多年的积累，校友网络能把历届优秀的校友联系在一起，形成非常强大的资源，为学生提供良好的职业发展机会。当然不同的学校在就业指导方面各具特色，具体的比较如表3所示。

表3 就业指导的机构与功能

学校	就业指导情况
洛桑酒店管理学院	设有就业指导中心；拥有分布于120个国家的近25000人的校友网络
康奈尔大学	为每位学生安排一位业界校友作为成长导师并提供就业指导；拥有11000人的校友网络
佛罗里达国际大学	设有职业规划办公室，提供各种职位信息；校友协会，提供各种就业机会
中佛罗里达大学	设有职业发展中心、职业发展工作坊、个人评估的工具（迈尔斯布里格斯类型指标）

二、我国 MTA 教育的发展方向

1. 明确培养目标，培养全球旅游产业领袖

国务院《关于加快发展旅游业的意见》（国发〔2009〕41号）提出"把旅游业培育成为国民经济战略性支柱产业和人民群众更加满意的现代服务业"，"力争到2020年我国旅游产业规模、质量、效益基本达到世界旅游强国水平"的战略目标。另外，到2015年，预计我国游客市场总量可达35亿人次。伴随着旅游市场需求的多样化，届时我国旅游业对高层次应用型人才的需求将更大。结合我国旅游发展的战略要求和旅游市场的人才需求，借鉴国外旅游管理硕士教育经验，我们提出MTA要培养全球产业领袖。即培养具有社会责任感和旅游职业素养、具备国际化视野和战略思维能力、能够胜任现代旅游业实际工作的全球领袖人才。为确保旅游产业领袖目标的实现，MTA的课程设置、师资配备、教学方法、就业指导等方面也都要以此为指导全面展开，并落到实处。

2. 完善课程体系，创新课程设置

在课程设置上，借鉴国外优秀的教育经验，并结合本国旅游产业环境的实际情况，将 MTA 课程体系分为五部分：公共基础课、MTA 核心课、MTA 必修课、MTA 选修课和 MTA 模块课。

公共基础课主要包括英语、哲学、传统文化等课程。

MTA 核心课主要包括管理的一些基础课程，如旅游会计学、旅游营销学、旅游运营和管理、旅游公司理财、旅游战略管理、旅游法律法规、旅游信息系统与电子商务、旅游人力资源、旅游前沿理论等，使学生全面了解并掌握旅游行业管理中所需的基本知识和技能。

MTA 必修课主要包括领导科学和艺术、服务精神与艺术、管理经济学、管理统计学、文献阅读与论文导向等，使学生对自己的定位——旅游产业领袖的特质领导能力和服务精神有更加深入的了解，同时也培养了他们作为研究生应具备的写作能力。

MTA 选修课主要包括旅游目的地、旅行社、酒店以及会展等方向的一些细分课程以及关于旅游产业领袖和旅游服务精神的专题课程等。学生可以选择自己感兴趣的方向，深入了解，找准自己的定位。

MTA 模块课主要包括旅游企业财务、战略、人事、营销、国际化和新业态六个模块，这些模块课都是在企业现场教学，使学生对企业各个方面的操作和运营有一个真实的了解，并锻炼学生在真实的环境中解决问题的能力。

3. 建立校友网络，加强就业指导

综合几所世界旅游名校的就业指导经验，可以看出校友网络在促进就业上扮演着越来越重要的角色。我国 MTA 院校也应建立 MTA 校友会，以加强各界校友的联系，为学生提供更广阔的学习交流平台和实习就业机会。同时，设立 MTA 就业指导中心，提供全面的就业指导服务。第一学年，帮助学生做一个个人评估，让学生了解自己的职业兴趣和能力偏向，制定出自己的职业规划；第二学年，开展求职讲座和求职技巧培训，并提供各种产业实习的机会。最后，及时提供和更新各种企业的职位招聘信息，并对毕业生提供一对一的就业指导。

三、BISU-MTA——未来旅游产业领袖的摇篮

北京第二外国语学院MTA（简称BISU-MTA）是国内MTA的急先锋。2010年10月下旬，国务院学位委员会成立了首届全国旅游管理专业学位硕士研究生教育指导委员会。在此之前，2010年9月25日，由北京第二外国语学院、中国旅游人才发展研究院、北京旅游发展研究基地联合举办的"中国旅游高端人才培养与MTA项目实施研讨会"在北京国际饭店隆重召开。与会者就MTA的人才培养模式进行了智慧碰撞。

1.BISU-MTA的核心理念

（1）人才培养类型——旅游产业领袖。北京第二外国语学院在国家旅游局的指导下，在学校领导的支持下，创造性地提出了MTA培养的核心理念，即培养未来旅游界的产业领袖。旅游产业领袖就是具有全球愿景和国际化视野，在竞争激烈的国际旅游市场中敢于冒险和挑战，具有创新和团队合作能力，领导追随者实现组织目标的人。

（2）战略途径——国际化、产学研一体化。国际化包括与国外旅游院校的交流合作、师资团队的国际化、教学环境的国际化以及学生参与国际学习和实习的机会。目前北京第二外国语学院旅游管理学院的国际化主要体现在教师的国外交流、国际项目合作、招收留学生三方面。为了培养全球旅游产业领袖，北京第二外国语学院将进一步引进国外的师资，在MTA的授课中采取双语或纯英语教学，并建立更多国外实习基地。

产学研相结合中的"产"是指校内外的各类产业和生产实践活动，产业需求是院校办学的立足点和驱动力；"学"是指教育教学，包括理论教学和实践教学以及对学生知识能力、综合素质的培养和教育，"学"是办学之本，是产学研的核心；"研"是指教研、科研等实践活动，"研"是办学的先导和技术支撑。北京第二外国语学院以服务国家旅游产业、服务北京建设世界旅游城市为己任。为培养旅游产业领袖，北京第二外国语学院将进一步完善

产学研一体化体系建设，真正做到以研助产、以研促学、以产辅学。

2.BISU-MTA 的方向设置与课程体系

MTA 的培养与普通旅游管理硕士的培养有明显的不同，MTA 教育在教学内容上坚持理论与实践相结合，突出旅游业关联性强、辐射面广和构成复杂的特点，在核心必修课程的基础上，融合不同的模块课程进行旅游管理能力和专业业务能力的培养。

北京第二外国语学院的 MTA 设置六个培养方向，分别是：酒店管理、旅行社管理、旅游景区管理、会展管理、旅游公共管理和旅游新业态管理。课程体系分为五大部分，分别为：公共基础课、MTA 核心课、MTA 必修课、MTA 选修课和 MTA 模块课。其中公共基础课主要是英语、哲学和传统文化学习，其他课程的详细内容如表 4、表 5、表 6、表 7 所示。

表 4 MTA 核心课

旅游法律法规	旅游人力资源
旅游会计学	旅游营销学
旅游运营与管理	旅游公司理财
旅游战略管理	旅游信息系统与电子商务
旅游前沿理论	

表 5 MTA 必修课

领导科学与艺术	服务精神与艺术
管理经济学	管理统计学
文献阅读与论文导写	

表 6 MTA 选修课

旅游休闲经济理论与实践	旅游产业政策解读
旅游目的地开发与规划	旅游创业与创新
旅游市场营销理论与实践	旅游新业态
旅行社管理与实践	服务管理新技术、新方法
酒店管理理论与实践	旅游产业领袖专题
旅游景区经营与管理	旅游服务精神专题
会展经济与管理	服务质量管理
旅游商务英语	旅游企业文化

表7　MTA模块课

旅游企业财务模块	旅游企业营销模块
旅游企业战略模块	旅游企业国际化模块
旅游企业人事模块	旅游新业态模块

3.BISU-MTA的三大教学方法与五大师资力量

MTA教育在教学方法上要注重启发学生思维，将课程讲授、案例研讨、团队学习和专业见习与实习等多种方式相结合，旨在培养学生的思维能力及分析问题和解决问题的能力。北京第二外国语学院的MTA借鉴国外专业学位硕士教育的经验，采取了以下三种教学方法：

（1）案例教学。北京第二外国语学院将通过同地方旅游局、旅行社、酒店、景区、会展等机构合作创建MTA案例库，在真实的旅游产业环境中培养学生角色扮演、行业分析、寻找解决方案的能力与方法。

（2）产业问题学习法（FBL）。产业问题学习法（以下简称FBL）是哈佛商学院的教学方法之一，它是由三个或三个以上的人组成团队，在教师指导下，同赞助机构紧密合作，解决现实的产业问题。FBL同样可以运用到MTA的教学中，通过带领学生到旅行社、酒店、旅游景区、航空公司等具体的旅游产业环境中去解决现实的产业问题，培养学生的问题处理和决策能力。

（3）现场体验学习法（IE）。现场体验学习法为学生提供一个"浸入"到全球学术、文化以及不同组织中工作的机会，使学生能够将课堂学到的一些领导理念运用到管理实践中，并与社团和企业领导人进行直接的互动。在MTA的教学中，尽量为学生提供游学的机会，到不同的国家和地区获取真实体验和经历。

实行双语教学与纯英语教学。为促进MTA教育的国际化，北京第二外国语学院MTA主要采取双语教学或纯英语教学。纯英语教学主要由外国教师担任，使学生拥有良好的英语学习环境，同时培养学生双语学习的能力，为国际化事业打好语言基础。

MTA 的师资来源是保证 MTA 教育成败的关键。按照国家旅游局的要求，结合学校特色与实力，北京第二外国语学院提出了 MTA 五大师资来源，分别是：业界领袖，国内旅游业公认的领军人物；咨询机构，旅游业内著名咨询师；政府工作人员，国家旅游局、各地方旅游局相关政策制定者；高校名师，北京第二外国语学院 3 位副校长、5 位学院院长挂帅 MTA 课堂，国内著名教授；世界名流，国际大型旅游集团总裁，国际知名学者。

四、BISU–MTA 的六个合作领域

MTA 教育强调实用性，因此需要与产业界人士建立广泛而深入的联系，从产业的人才需求出发，开设课程，进行培养。在产业合作方面，北京第二外国语学院提出了六大合作领域。

1. 调研合作

MTA 培养旅游行业实用型高级人才，因此，对企业人才需求的准确把握就显得尤为重要。北京第二外国语学院将深入企业一线进行调研，真正了解企业人才的需求现状，根据企业需求，设定培养方案，然后再交由企业修改，如此反复，最终制定出准确、有效的 MTA 培养体系。

2. 导师合作

MTA 实行双导师制，一名学生由两名导师指导，包括学术界的导师和产业界的导师。北京第二外国语学院将邀请业内的行业领袖来担任 MTA 学员的第二导师，让现今的行业领袖去培养未来的行业领袖。

3. 定制合作

与一些大型旅游企业或各旅游局合作培养 MTA 学员，实现 MTA 培养的定制化。对这些 MTA 学员，可以根据企业或者地方特色，开设特色课程，使旅游人才的培养更具有针对性。

4. 课程合作

现在很多企业内部都有成型的培训课程体系，北京第二外国语学院将邀请有成型培训课程的企业老师带着课程进课堂，因为这些课程真正来源于企业一线实践。将企业内部的课程放到MTA平台上来，将惠及更多的业内人士。

5. 案例合作

MTA教育的一个重要内容就是案例教学，北京第二外国语学院首先提出了两年30个高质量案例的教学模式。通过对我国旅游企业的案例整理，建立具有中国特色的MTA案例库。

6. 实习基地的战略合作

与众多旅游企业建立战略层面上的合作，包括建立实习基地、学员就业推荐、MTA教师进入企业顶岗培训、企业管理层在岗培训等。北京第二外国语学院目前已经建立了30余家战略合作实习基地，未来还将建立30家左右的实习基地，打造MTA实践教学的平台。

邹统轩

2016年1月1日

目　录

第一章　嬉戏谷发展历程

　　在经历了若干地质年代的沧海桑田后，大江终还是在入海口孕育了震泽之域——太湖。她，静则宛如新月，动则涛涌波叠，这片神奇的水域，无时无刻不在云谲波诡中孕育着传奇。无数次的陆壳抬升，伴随着时而叮咚作响，时而奔腾豪壮的河水下切，造化成谷，汇聚灵气，萌生万物。在这云蒸霞蔚的缥缈之下，有这样一群族人，他们开天辟地，标新立异，历经苦难开创了属于自己的辉煌，他们被称为"嬉戏族"，他们的疆域就是"嬉戏谷"。请跟随我，一起探究这神秘、梦幻、震撼、热血的嬉戏谷，感受风起云涌的奇幻世界……

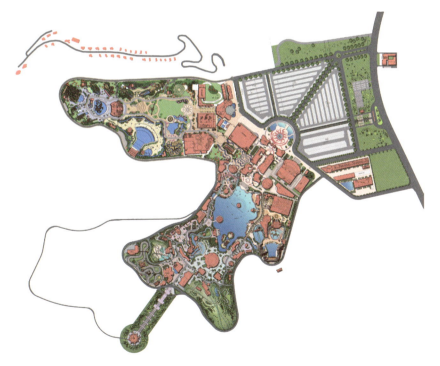

图 1-1　嬉戏谷园区全景图

第一节　立足实际，放眼世界

格局决定结局，态度决定高度。嬉戏谷模式的概念酝酿来源于互联网大潮之中，走在前沿，需要站立潮头的勇气，更需要迎风破浪的能力，大格局、大视野背后是大智慧和大勇气的支撑，如何定位、破局、造势、落地成型，是一件既需要时代情怀又需要坚定信念的事。

一、立足时代背景

公元 2005 年，农历乙酉年，纳音为"泉中水"，俗称"水"命。也许并不是偶然，注定要从"水"去开启嬉戏谷的原始密码。海拔 4000 多米的唐古拉山，冰峰林立，白雪皑皑，这一点一滴的冰雪融水经万年汇聚，终于从世界屋脊倾泻而下，汇成不可阻挡的磅礴之势，开山劈谷，万里奔流，直到河的末端、海的起点，终于平缓下来，像一位看透人生的智者一般，不再抗争，顺其自然，使命般地汇入大海，而她流经半个神州大地裹挟的泥沙则沉积出了地势平坦、土壤肥沃的长江三角洲。

那一年，以上海市为龙头，由浙江省的杭州市、宁波市、嘉兴市、绍兴市、湖州市、舟山市、台州市和江苏省的南京市、无锡市、常州市、苏州市、南通市、扬州市、镇江市、泰州市等 16 个城市组成的长三角地区，全部生产总值占全国比重的 18.6%，被视为中国经济发展的重要引擎，并预示着奇迹随时发生。那一年，长三角一体化迈出实质性步伐，"长三角"已从一般指代的符号升华为招商引资、产品销售等经济活动中具有市场号召力的特定品牌。江浙沪三地旅游确定共同发展目标：世界级旅游经济圈。常州市 2005 年政府工作报告也提出"加快发展新型服务业，全年实现旅游总收入增长 20%"的目标。二月的江南，伫立太湖畔，凭栏远眺，依然能感受到乍暖还寒的凉意——挑战无处不在。那一年的常州，既无名山大川，又缺名胜古迹，能叫上名的旅游品牌也就是"无中生有"的中华恐龙园，至于"借题发挥"的春秋淹城能否"点石成金"还有待市场的考验。这座众人眼中传统旅游资源匮乏的工业明星城市，如何打好旅游这张牌，优化产业结构，实现转型升级，服务长三角大局，大家只能静观其变。那一年，还有一件事不能不提，就是《魔兽世界》来袭，暴雪在中国网游界声名鹊起，这款里程碑式的游戏，让无数玩家癫狂，也搅动了中国的动漫游戏产业。曾因孩子迷恋被无数家长抵制，甚至被"妖魔化"的互联网游戏，颠覆传统，动漫游戏产业的春天初见端倪。

二、把脉市场前景

"一生二，二生三，三生万物。""三"在中国意为"多"，寓意"天、地、人"，可谓包罗万象，蕴含力量。到现在为止，嬉戏谷三位领路人闵伟明、徐英杰、杨冬青在常州聚首迸发的能量依然一环一环向外传递。"高手过招，点到为止，虚实转换，以虚为主"，看三位如何化虚为实，步步通关。

（一）第一关：主题公园"扎堆"，同质竞争 vs 差异化发展

早在项目论证开始，徐英杰先生就给自己提出了命题：我们东有苏州乐园，西临芜湖方特欢乐世界，而常州自身已有中华恐龙园、淹城春秋乐园，加之华特迪士尼公司正在同一区域倾力打造上海迪士尼。再打造一个主题公园，即便是世界级的，凭什么吸引顾客？带着这个命题，嬉戏谷的主创团队几乎走遍了全球所有具有代表性的主题公园，最终在美国的奥兰多得到了启发，找到了解答。奥兰

多是世界著名的休闲旅游城市，这座小城拥有世界上最大的迪士尼乐园，但这并不妨碍同城其他 30 多个主题公园的生存发展，奥妙就在于风格迥异。主题公园的"差异化之路"，让奥兰多异彩纷呈，极富魅力，小城中有大世界。奥兰多从昔日的"橘子皮城市"到今天的"明日社区样板"，本身就是一个从不可能到可能的范例，这种"差异化"理念给了大家启发，也给了团队不拘一格、何不一试的勇气和鼓励。与中华恐龙园的"恐龙文化"和淹城的"春秋文化"错开角度，定位全球正在兴起的"互联网文化"，走差异化发展之路，嬉戏谷获得了第一道通关文牒。

（二）第二关：游戏场景实体化，新鲜度 vs 生命力

1955 年，波澜壮阔的电视虚拟文化成就了"迪士尼"，开创了属于那个时代的游乐"招牌"；1964 年，风起云涌的电影产业缔造了盛誉满载的"环球影城"，电影文化风靡全球；在世界互联的 21 世纪，互联网文化这张牌是否也可以雕琢，思考过此问题的业界精英恐怕也不胜枚举。迪士尼乐园全球前总裁安迪·博德早在 2005 年就曾表示："对于中流砥柱的中青年人，迪士尼还没有想出更好的办法吸引他们。如果再不重视喜爱动漫、网游的一代人，迪士尼将离死期不远。"

三位领路人中，对互联网游戏熟稔于心，对互联网文化感触最深的，无疑当属长发飘逸的杨冬青先生。早在 10 多年前，互联网游戏在中国大陆悄然萌发之际，他就是堪称骨灰级的玩家，为了缔造嬉戏谷这个梦想，他更是放弃了上海的工作职位投身其中，往事都随风，唯爱而已吧。但是让动漫、游戏场景和游戏中的人物变成现实，呈现在人们面前，这并不是惊天动地的事情，迪士尼也把米老鼠、唐老鸭等电视中的经典场景移植到了乐园中。与当时几乎所有主题公园不同的是，嬉戏谷首创"虚实互动"概念，致力打造"线上玩家，线下游客"体验，如果把人们从虚拟的世界拽回现实，让他们可以在现实中继续虚拟世界未经的梦，这无

疑是对互联网游戏的延伸乃至升华，这是现实版的角色扮演，玩家可以在现实场景中与游戏中人物对垒，将互联网游戏的境界由"模拟"突破为"真实"，嬉戏谷由此获得了第二道通关文牒。

线上游戏《中华龙塔》通关与嬉戏谷标志性建筑圣殿山挑战，正是"虚实互动"结合的实证。位于圣殿山上 58 米高的中华龙塔，成为了无数玩家英雄之梦的实现之地，犹如"天下武功出少林"一般，嬉戏谷、圣殿山成为了网游之士心往的"圣地"（如图 1-2 所示）。而长久以来，坚持自主创新的嬉戏谷更是不断地给予消费者新的体验，这些高附加值、高科技含量的体验项目，使"嬉戏谷"绿树常青，极富生命力。

图 1-2 嬉戏谷圣殿山

（三）第三关：文化归宗，舶来 vs 融创

作为一个城市，就像一个人一样，非得打上属于自己的文化烙印形成独特鲜明的性格，才能在历史长河中具有认同感和存在感。就像忆汉唐就要西望长安，说明清就得站在北京的皇城脚下，燕赵大地是河北，齐鲁文化是山东。其实不然，个性太明显，别人往往更难靠近，从事旅游工作多年的闵伟明先生最熟谙"融合"之道。常州与周边的区域相比，旅游资源显然"先天不足"，比时尚不如上海，比妩媚不敌杭州，比大气不如金陵，连名字仅一字之差的扬州都有一个美得如醉的瘦西湖。但正是这种"一无所有"的捉襟，给了常州"敢笑天下"的勇气。在互联网文化蔚然成风之际，大家都以为互联网文化是属于全球的，唯独三位领路人带领的众弟子敢在互联网文化的土地上，插上常州嬉戏谷的大旗，上演了资源创造的大戏，精彩无比，当初大家对动漫游戏和常州有什么关系的质疑如今在现实面前也早已烟消云散。文化没有定式，它是人类在不断认识自我、改造自我的过程中所创造的物质财富和精神财富的总和。文化更不都是过去式，从土里刨出来的，在博物馆陈列着的，它在随时随地地形成着，我们都在参与创造。抓住了时代跳动的脉搏，张开了开放包容的怀抱，带着"敢为天下先"的勇气，嬉戏谷找到了属于自己的文化内核，获得了最后一道通关文牒。

三、聚焦"太湖湾"

三道通关文牒汇聚在手，互联网文化的内核、主题公园的形式、虚实互动线上线下的商业模式，胸中丘壑了然清晰，接下来让梦想落地为实，选址提上议程。源于水也溶于水，嬉戏谷最终投入太湖湾的怀抱，也绝非偶然。

20 世纪 70 年代一首《太湖美》唱遍大江南北，"水上有白帆，水下有红菱，水边芦苇青，水底鱼虾肥，水是丰收酒，湖是碧玉杯"，太湖之美让人神驰，而"太湖灵秀，更是汇于一湾"，嬉戏谷选择落地太湖湾，与现代人渴望远离都市，

回归自然的情感诉求十分吻合。同时与太湖湾东侧的无锡灵山景区点线成串，形成新的旅游带，增加了彼此的吸引力，又放大了太湖湾传统旅游地的价值。太湖坐落在长三角经济区的中心地带，交通发达便利、人群的物质文化消费能力高自是不用说，重要的是嬉戏谷选址距离上海、杭州、南京的车程都在两个半小时以内，属于自驾游的舒适开车时长，这在自驾游、微度假尚未形成高速发展之势的年代，绝对是一个具有前瞻性的选择（如图1-3所示）。

当然，嬉戏谷的选址也承载了它该承载的历史使命。太湖为社会经济发展付出了很多，已然伤痕累累，嬉戏谷落成太湖湾是调整产业结构的重要一笔，届时会拉动会展、软件开发、电子竞技、玩具制造等产业发展，将助推太湖湾向休闲度假目的地和文化创意产业园区转型，功在当代，利在千秋。嬉戏谷与太湖湾，互相需要，一触即恋，全球首座动漫游戏主题公园呼之欲出，一个全球坐标即将诞生。

图1-3　嬉戏谷所处地理位置

第二节　高起点、高标准、严要求

《礼记·中庸》："凡事豫（预）则立，不豫（预）则废。"《孙子兵法》："谋定而后动"。中国自古就有事先谋划的行事之道，嬉戏谷的开发与建设当然也是规划先行，以规划为龙头。

一、定位——自然、经济、社会"三位一体"

嬉戏谷选址太湖湾，俯，面向太湖，坐拥一池灵秀；仰，背靠天目山，依附半壁苍翠。东邻无锡马山，西接宜兴分水，地形以低山丘陵为主。虽无奇险峻怪，却是清秀恬美，虽天然与山水相伴，却是寸土寸金的地带，绝没有"方圆几百里毫无人烟"的发挥空间。且看嬉戏谷如何过水搭桥，见招拆招。

（一）与水为邻，培养"上善若水"的滋养情

发展是目的，保护是前提，环评必先行。"皮之不存，毛将焉附"，嬉戏谷在前期的很长一段筹备时间里，以谨慎的态度甚至是呵护的情怀对周边水环境、植被环境等进行了全面细致的评价，力求务必在不影响周边环境长存性的基础上，进行合理开发。

（二）与山相伴，找寻"深山古刹"的和谐美

对于自然环境来说，大自然多年的雕琢已经形成了自己完整的画风，我们在这片层峦叠嶂间加入人类的一笔，那就需要用心找寻大自然的泼墨留白之处。和谐生美是景区规划设计的核心，嬉戏谷也力求融入画面，不轻易打破，不刻意凸显。于是就在武进潘家镇和雪堰镇的交界处，寻得一谷，嬉戏族隐于此（如图1-4所示）。

图1-4　嬉戏谷景区夜景

（三）跌落太湖湾，就留点青史在人间

江苏省环太湖区经济发达、旅游资源丰富、历史人文悠久，致力于打造国际化一流休闲度假旅游目的地，常州市对太湖湾旅游度假区的城市功能定位也很明确，一座世界级坐标和一系列旅游文化创意产业区的打造必不可少。嬉戏谷的规划建设，是机遇也是使命，它的诞生就是对自然、社会、经济三者从整体上进行统筹的产物，它的发展就是在保护好生态环境的前提下，既要带动相关产业的发展，起到引领示范作用，又要融入区域发展的整体计划里贡献自己该尽的力量。

二、布局——轴线环路布点"有机统一"

他山之石，可以攻玉，别人成功的经验就是我们有章可循的规律。即使国际知名规划咨询公司给出了"轴与环"的整体概念，但概念终归是概念。由于文化差异和思维习惯不同，咨询公司的具体规划设计最终没能达成一致，剩下的问题还需自己来解决，一句话：打铁还需自身硬。嬉戏族在三位创始人的带领下访遍了几乎所有的迪士尼公园和环球影城，用脚步丈量了两大主题王国的土地。从游乐设备、功能布局等硬招式入手，犹如混沌初开的少年，有用的没用的都先"拿来了"，然后在一次次头脑风暴的碰撞中辨别、补充、扬弃、产生，逐渐深入到探究招式背后的文化质地。项目主题从游戏嘉年华到游戏主题公园，一点点清晰，一步步变得丰满起来。但他山之石为我自如所用，除了苦练内功之外，还要根据自身的体质进行改良吸收。嬉戏谷在项目推进的过程中，不断探索把握动漫游戏主题公园自身的特点规律，立足区域实际，最终使市场分析、目标人群定位、风险困难预判等每招每式都开始带有嬉戏谷自身的特质。在此基础上，一步步破解了线下乐园如何呈现的现实命题。一期工程最终确定了以淘宝大街为中轴线，纵深向前延伸至精灵湖，环湖依次为摩尔庄园、传奇天下、星际传说、迷兽大陆等不同动漫游戏主题文化体验区的分布（如图1-5所示）。

图1-5　嬉戏谷导览图

"嬉"与"戏",在《辞海》中同义,都含有游戏的意思,是一对"和合之词"。嬉戏谷景区的整体布局也犹如它"和合"的名字一般,适境规划设计,低处聚水,高处置峰,与山谷相伴而生,依自然地势而建。一期工程谷口开门,低处汇聚精灵湖,中轴线的南端建圣殿山,在地势最高的圣殿山上设计了嬉戏谷的中央之极:中华龙塔。登上中华龙塔,即可居高临下,尽赏全园,更是成为常州的新地标。整个园区的设计巧用地形,因山就势,相互呼应,协调共济,形成"一园一馆一中心+9模块"的有机统一体。正可谓:自然天成地就势,不待人力假虚设,充分体现了与天、地、人和谐共融的哲学思想。

三、夯基——占地搬迁补偿"以人为本"

景区规划区内居民搬迁是一件系统复杂的工程,也是项目规划可预测的最现实难题,涉及补偿、就业保障、生态环境保护、教育、推进城镇化等经济社会发展的方方面面。当时园区规划总用地面积约 1500 亩,共涉及潘家镇和雪堰镇两个区域,约 300 多户人家。中国人都讲究"安土重迁",搬移祖祖辈辈生活的地方,无论是谁都情有不舍。前期的说服工作难度非常大,常州市政府、武进区政府、两个镇政府共同做了大量的安置动员工作,这些移民迁出规划区,为嬉戏谷的建成做出了第一步牺牲和贡献。嬉戏谷的原始密码由"水"开始,它也必然带着水的特质——"和",这也是中国传统文化中最富生命力的因子,连接着万物之间的共生关系。嬉戏谷在以后的发展中时刻铭记着企业的社会责任,通过为当地居民提供就业岗位、赠送体验门票等长期支持与现实补偿相结合的方式,对当时搬迁的人们进行反哺。这期间虽有磕绊甚至有误解,但是蓬勃之势是有目共睹的,带来的就业、餐饮、住宿等各方面的收入是真金白银的,嬉戏谷与周边住户的关系也在摩擦中彼此增进,越来越难舍难分,逐渐形成同呼吸的命运共同体。与当地居民的和谐共生关系,更为嬉戏谷的开疆拓土,进行二期建设开了好头,奠定了坚实基础。

第三节　打破常规，独树一帜

2009 年 5 月，嬉戏谷进入规划落地阶段，按照 2011 年 5 月开园的目标要求，两年的时间完成工程设计、建设施工、设备安装调试等工作，可谓是"时间紧、任务重、难度大"。如果说道路、水、电、停车场等基础建设如何摆布，尚有参考。那么，如何将游戏虚拟场景实体化，如何将建筑功能游乐化，却是前无古人。

一、施工程序——"从无到有"创招式

嬉戏谷的独特主题，也使得建设毫无遵循，嬉戏谷如何为大家呈现这场欢乐盛宴，正如古语所说"治大国若烹小鲜"。

（一）定菜谱

能称为一桌大餐，必然是荤素搭配合理、色香味俱全。都是荤菜，成本太高；都是素菜，没有重点。嬉戏谷的主菜谱就是游乐设施项目配置图，包括体验性的、互动性的、室内设备、水上设施等；辅助菜谱是道路、水电、停车场等基建工程。这个菜谱一是参照了国外大型主题公园的配置，二是按照自身园区的线路规划、功能划分、时段地点客流量分析等进行匹配，做到重点突出、点缀恰到好处。

（二）选食材

菜谱定了，接下来是选食材，这是个技术活，好食材是好味道的关键，好设备是棒体验的保障。嬉戏谷在设备的选择上始终坚持"人无我有，人有我新"。与德国、美国、俄罗斯、加拿大等国际游乐设备制造公司合作，订制购买设备。拥有当时全亚洲第一台轨道最长、最高、速度最快的 360 度环形过山车和亚洲最

长、世界翻转最多的飞行过山车，中国大陆唯一天幕影院，九天揽月的雷神之怒跳楼机，世界上最大的 XD 飞行动感球幕影院等。每一个游乐项目的落成都经过了规划、订制、采购、安装、特检、调试、交付这一复杂的过程，并且每一关都有专业人员把关，确保游客拥有一段惊险、刺激、震撼、享受、唯美、难忘的体验经历。

（三）制流程

准备工作做好了，大厨上场起火开工干，别看铲起刀落，热火朝天，其实这道新菜第一次做，也是在摸索中把握火候、把握咸淡。工期短就"化整为零"，在前期功能规划的基础上，嬉戏谷将一期工程平面划分为 4 个区域，制定了四区同时施工的建设方案，齐头并进共同开展建设，大大缩短了工期。没有先例遵循就"画图建模"，按照功能划分，单体建设上先确定游戏虚拟场景，再转化为施工图纸，按照图纸做成建筑模型，最后根据模型反推实物。"那些曾经的光辉岁月，并不是后来闪耀的日子，而是无人问津时对梦想的偏执。"就是这份对梦想的偏执，拉开了嬉戏谷拔地而起的帷幕。

二、建设质量——"从有到优"上层次

传统的民用建设、工业建筑等常规建筑有着比较成熟的技术指标和设计参数，而每一个主题公园都有自己特定的主题特色，在策划设计施工方面很难形成统一规则。纵使嬉戏谷在建设中摸索了一套自己的施工流程，但是虚拟场景每一点实体化都是一次技术攻坚。游戏中的场景是特色造型加上渲染效果的呈现，要有较高的仿真度就要结合实际建筑面积合理进行体量设定和雕琢，要与周边山体整体环境融合就要重新调配色彩，要与区域功能匹配就要与设备供应商反复沟通推敲，要符合建筑基本规范就要反复打磨结构设计，要实现较好的渲染效果就要在细节进行一次次的视觉调整和美化。嬉戏谷园区建设就是一个过程性行为，按照项目

规划的功能划分、主题划分、所选游乐设备项目等对模型结构、视觉外观进行反复修改，边摸索、边建设、边调整、边推进。伴随着一个个技术难题得以解决，设计和施工团队在建设中积累了经验，在攻坚中建立了自己的设计参数指标体系，这一点点的成型来之不易，是一夜夜通宵达旦的推敲加上一日日机器轰鸣的实践走出来的。施工总负责人晏黎明先生的办公室，至今仍摆放着一顶草帽和一顶安全帽。这两顶帽子都是下工地时经常戴的，他说："这两顶帽子，对我来说意义非凡，时刻提醒自己铭记建设中的艰辛，也时刻告诫我要争做行业的高端。"

三、经验复制——"提质增效"筑标杆

嬉戏谷景区建设不断推进，逐步成型，在建设中形成的建筑参数和设计指标，不仅形成了自身企业的内部参数，也吸引了许多其他景区的参观考察，为

图1-6　嬉戏谷一期规划鸟瞰图

主题公园建设提供了有益借鉴。嬉戏谷园区一期（如图 1-6 所示）规划 3 年，两年建成；二期（如图 1-7 所示）项目嬉戏海规划一年半，新增三大主题区域一年建成；宿迁嬉戏谷动漫王国项目也如期推进，整个设计团队和施工团队在以后的建设中可谓是驾轻就熟。这种"从心所欲"是一份建立在披荆斩棘和丰富经历基础上的"游刃有余"。总有一天，你一定会骄傲那些熬过去的曾经，嬉戏家族共同等到了这一天。

图 1-7　嬉戏谷二期规划鸟瞰图

第四节　精益求精做行业领头雁

业精于勤，嬉戏谷深谙"精"与"勤"的精髓，事业从无到有的打造，得益于企业家精益求精的执着，更有赖于一支精益求精的专业队伍，从开园孵化成型的第一步开始，嬉戏谷探索前进、步步留印，在巩固深化中开拓创新，在全面推进中重点突破，为整个行业的发展注入了鲜活的力量。

一、开园——横空出世

2011 年是嬉戏族人划时代的一年，这之前，嬉戏谷走了很长很长的路，从梦想走进现实，从概念到图纸再落地为实，这一路走来没有现成的模式，没有遵循，都是摸着石头过河。嬉戏谷在一次次的反复论证和实践探索中，逐步确定主题内容、体验方式、产业发展模式等，终于到了盛装开园的时刻。2011 年 5 月 1 日，环球动漫嬉戏谷盛大开园，羽化成蝶，甚至在试营业的 4 月 29 日就刷新了两项世界纪录：一是刷新 Cosplay 现场认证吉尼斯纪录；二是创造全球最贵门票拍卖纪录。不鸣则已，一鸣惊人。环球动漫嬉戏谷一开园，就以自己独特的互联网游戏文化主题，线上线下的体验模式，200 多种动漫游戏游艺项目产生了不可阻挡的吸引力，引爆了常州旅游的热点，与中华恐龙园、春秋淹城形成互补，相得益彰，丰富了常州大旅游的内涵，并与太湖湾周边现有景区资源迅速形成产业集群，极具吸附力，提升了太湖湾的旅游目的地形象。嬉戏谷运用现代数字科技，把互联网游戏的梦想空间、卡通动漫的造型与现实主题乐园的实景有机结合，打造出了一个超乎想象的奇幻世界，引领了中国主题公园的新风尚（如图 1-8 所示）。

图 1-8　嬉戏谷景区正门

二、发展——立身建业

取乎其上，得乎其中；取乎其中，得乎其下；取乎其下，则无所得矣。嬉戏谷一开始就放眼全球，选择的标杆是迪士尼和环球影城等世界级品牌，比肩世界标杆只有差异化的发展战略显然是单薄的，必须拿出更有价值的创意和发展实绩才能具有说服力。

（一）做梦敢做大

嬉戏谷要做的是以互联网时代的动漫、游戏文化等内容资源为核心，谋划网游和旅游两大产业之间的跨界融合，构建集主题文化旅游、主题会展、演绎、影视、商业连锁、品牌授权、数字互动娱乐内容研发及技术应用等环环相扣的产业链，以实现文化、科技、体育、旅游四大产业板块整合联动一体化发展。正如嬉戏谷的王北晴常务副总经理所说："创业开始，我们一群人，只有一个接触过旅游，'无知'也就更无畏，有啥不敢想的呢？"当然，敢想虽不是全部，但的确是关键的第一步。

（二）做事敢做鲜

在项目规划和建设上面向全球招标，规划要几十年不落后。在游乐设备配置上，敢用奇，敢用最，敢用原创，第一期开园的时候，几乎 1/3 的游乐游艺项目是全球首创。在宣传营销上，敢用新思路，敢用新技术，未开园之前，就开始了对"虚实互动"体验概念的宣传推广，先声夺人，抓住市场人群，仅前三个月的接待游客量就超过 60 万人次，创造了新纪录。在智能手机还未普及的时候，就开创了扫码游园的模式，每一次新的尝试，都为自己增加了把握机会的筹码。

（三）做人敢做实

做企业和做人道不同理同，在区域经济的转型升级中，它绝不是一个看客，即使梦想是面向整个宇宙的，嬉戏谷也要从太湖湾走来，也是站立在常州的土地上。嬉戏谷定位于此，不断推进现代科技与自然生态、经济效益与生态效益的融合，从而打造了一个产业集聚度高、影响力大、拉动力强、产业链长的综合性产业集群平台项目，带动了整个太湖板块的附属经济，也是对传统的太湖旅游注入一片数字文化蓝海，无疑会增强所在地常州的文化产业整体实力和核心竞争力，成为产业结构转型升级的一个支点。

三、挑战——软硬兼修

好故事自然少不了惊心动魄、跌宕起伏的情节，即使开园大吉，即使营业额直线上升，但是主题公园的"生命周期"，魔兽版权困局，周边各种主题公园的林立崛起，竞争日趋激烈的战场，越来越挑剔的游客等一系列问题迎面扑来。如何破局？嬉戏谷赢在外靠招式，胜在内拼软实力。

（一）花钱磨刃

"钱"是主题公园运作跳不过去的字眼，嬉戏谷深谙在哪里花钱可以得到回报：规划为尊，不惜重金聘请世界顶尖级规划公司；产品为王，世界级的设备方可有世界级的体验；人才至上，高薪聘请职业经理人；营销开路，积极参与"创意常州"宣传。该花的钱一分也不吝惜。

（二）强练内功

越是竞争激烈的时候，越要坚持自己的特质，嬉戏谷的战略很明确，就是：坚定地做自己。既然缘由互联网游戏文化而生，就要做好自己的技术支撑，成立自己的网游研发公司，开通线上互动平台——"嬉戏族CCJOY.COM"互动娱乐网，研发自己不同类型的互联网游戏产品；建立自己的产品研发团队，吉祥物、游艺产品均注重自有品牌和延伸性；建立自己的服务标准体系，走在行业之巅。

（三）走出去

通过品牌动漫衍生产品连锁销售、智能装备量产出售、主题文化旅游项目创意策划及品牌管理输出等方式，嬉戏谷开始了技术、品牌、人才的走出去步伐，取得了可观的市场经济效益。回首昨天，审视今天，展望明天，嬉戏谷还将遇到新的挑战，发展的步伐总是在直面问题中迈得更坚实，我们相信：有挑战才更精彩。一帆风顺的随风漂流向来没有在激流勇进中来得酣畅、来得淋漓，或许嬉戏谷今天遇到的困难都将成为它明天进步的阶梯。

四、突破——多维开发

道路曲折，但依然前行。从2005年酝酿概念开始，已然有十多个年头，经过了"十年风霜"的嬉戏族人，早已习得了太湖的一池灵秀，举手投足间浸润着水的智慧、水的性情，不断地适应着瞬息万变的挑战，又润物细无声地形成独特的格调，打上自己的烙印。

（一）在宽度上

突出动漫主题，融合"水元素"，拓宽了嬉戏谷的戏路。二期工程主打项目"完美水世界"，集中了 10 多项国内外最顶尖的水上游乐设备，利用水的亲和力和互动性开辟一系列亲子、刺激、休闲等不同层次的娱乐项目，并开辟暑期夜场模式，满足不同人群的需求。

（二）在深度上

开发二次消费产品，拓展自主商品市场。突破主题公园门票至上魔咒，在餐饮、购物、游艺等二次消费产品上进行全产业链的深耕细作，逐渐打造自己的商品品牌（如图 1-9 所示）。

图 1-9　嬉戏谷精彩旅游演艺活动

（三）在精度上

继续细分市场和受众人群，对冰剑国度、月银王国、传奇花园等园区项目、公共设施进行改造和提升，更加凸显区域功能，提升景区的游憩价值（如图1-10所示）。处在这个充满变化的时代，不日新者必日退。嬉戏族逐渐汲取着水的精和魂，能够遇不同境地，显各异风采：经沙土则渗流；碰岩石则溅花；遭断崖则下垂为瀑；遇高山则绕道而行。每一步困难、每一次攻坚、每一种创新、每一点进步都是一股汇入的涓流，走着走着就汇聚成了磅礴之势，奔向未知……

图1-10　嬉戏谷月银王国

第五节　嬉戏族不走寻常路

　　做企业犹如做人，同质化的道路，很容易流于平庸，亦难成为潮流和经典，要么做到人"无"我"有"，要么实现人"有"我"新"，在路径的选择和塑造上，嬉戏谷从不吝啬自己的创造性和想象力，用"道路是自己的，跟别人没什么关系"的坦然和魄力走出了一条属于自己的发展之路。

一、逆流而上，坚定差异化之路

　　顺水推舟当然事半功倍，但大河奔腾往往也泥沙俱下，顺势而为？还是逆流而上？看嬉戏谷如何演绎弄潮大戏。

　　嬉戏谷立足太湖湾，放眼全世界，注定生而不同。成功也罢，困难也好，对于它来说，这些都不需要特别注明，当初的艰辛和不易可想而知，勇气和智慧怎能缺少。但这一切，今天由创业者们说来都那么云淡风轻了，他们已然把每一天都看成了是平凡普通的一天，他们感谢相遇、铭记一起走过的美好岁月。其实人们声称美好的岁月都是痛苦的，只是事后回忆起来的时候才那么幸福；而曾经的坚持不是每一步都被看好，也不是每一步都能成功，耐得住寂寞，方能守得住繁华。

　　逆流而上需要勇气，但更需要专业的判断、看十步走一步的洞察力和舍我其谁的霸气。我们以管窥豹，透过一只吉祥物的打造，来看看嬉戏族不一样的选择，不一样的理由。嬉戏谷的吉祥物囧囧狗，区别于当时主流吉祥物可爱萌、高大上的路数，嬉戏谷设计它方形脸、有胎记的外形，赋予它条纹控、爱吐槽的个性，这在当时非常冒险，不但有悖于传统文化的雅致，而且也增加了衍生系列产品开发的难度（如图 1-11 所示）。但正是这只有缺点、接地气、有温度的囧囧狗，

图 1-11　嬉戏谷吉祥物囧囧狗

在追求心灵解放和心灵归宿的今天，渐渐符合了大众自我娱乐甚至自黑的精神，更是在压力巨大的城市人群中大受欢迎。看似当初的选择是"无心插柳"，谁又相信成功是偶然的呢？这是建立在对时代发展趋势、行业发展趋势、顾客需求趋势的精准分析之上做出的战略判断，嬉戏谷走出的每一步都有它的取舍，"舍与得"的智慧贯穿了企业发展的始终。

（一）回到开始

十年前，互联网在中国内地刚刚兴起，游戏还未能被人们理性接受，一边是疯狂沉迷，另一边是严重抵制，嬉戏谷率先提出互联网游戏"线上线下、虚实互动"概念，大胆喊出"游戏无罪、嬉戏万岁"的口号，这在当时就是一种逆流而上的思维，是对互联网游戏文化价值的预判和认可。不迟疑、不停留，线上线下齐开工。线上：注册"CCJOY"商标和域名，建立线上互动体验平台。线下：打造嬉戏谷动漫游戏主题公园，开发嬉戏族主题商品体系，举办文化会展和大型活动，打造智能科技团队和公司。目前逐步形成以嬉戏谷实体为龙头的互联网科技、智能科技、文化产业、商贸连锁的产业结构雏形。此时，梦在心中，路在脚下。

（二）审视梦想

梦有多大，舞台就有多大。超前的思考和创新的模式，使嬉戏谷几乎没有参照和遵循。虽然迪士尼和环球影城给了不少主题公园共性发展的借鉴，但嬉戏谷的志向绝不是打造中国的迪士尼，嬉戏族深知模仿无法超越，照搬没有价值，根植于互联网文化，置身于自己的发展时代，才能走出一条属于自己的道路。向常规说不，打破门票依赖。嬉戏谷从规划建设阶段就开始布局全产业链的发展模式，在提升游客二次消费上做足了功夫，投入资金，建立团队，专业化、精细化运作，坚持走自主研发、自主经营的道路，保证产品内涵和嬉戏谷概念的高度统一，保证产品质量，提升游客的体验购买价值。这属于长期投入，修炼内功的板块，见效不一定快，尝试也不一定对路，非笃定的信念加久久为功的韧劲不能及。目前嬉戏谷的二次消费效益占园区总收入的1/3，这在国内2500余家主题公园中实属不易，随着商品品牌的树立，未来还有更大提升空间。

（三）盘点收获

嬉戏谷 2012 年成功创建国家 4A 级旅游景区，企业管理、硬件设施、服务质量得到了质的提升，资源吸引力和市场影响力大大增强。先后获批建立国家电子竞技运动基地、国家数字娱乐产业示范基地、中国少年儿童动漫活动体验基地等国家级基地；荣获中国高科技文化主题公园大奖、中国创意产业最佳园区奖、中国动漫创意产业交易会最佳动漫形象奖等重大专业奖项；被不同的权威机构和互联网旅游企业授予中国十大高端旅游品牌、最具人气旅游目的地、旅游同盟推荐景区、最佳体验景区、网友最喜爱的自驾游景区等殊荣，更是斩获广告界奥斯卡之称的"艾菲实效奖"旅游景点类铜奖，成为国内唯一获得该奖项的旅游景点企业（如图 1-12）。此刻，路在脚下，梦在延伸。

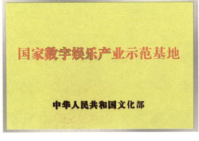

图 1-12 嬉戏谷主要获奖图

图 1-13 嬉戏谷景区全景

二、引领潮流，甘做行业铺路人

著名未来学家、TED 大会新锐演讲者简·麦戈尼格尔新作《游戏改变世界》指出：游戏击中了人类幸福的核心，可以让现实变得更美好。不管书中"伟大的人人时代、更强的社群联结"是否客观，能否实现，显然，重视游戏的发展和地位是互联时代重要的趋势。与时代脉搏共振，嬉戏谷且行且探索。

（一）扩张之路不心急

在概念与时代趋势吻合、运营模式逐渐成熟、人才管理服务等各方面的机制日趋完善的时刻，嬉戏谷没有大举走复制扩张的发展之路，低头猛走，容易重量不重质，不如歇下来，补充自己，辨明方向再上路。最初，嬉戏谷也曾考虑过学习迪士尼乐园的做法，覆盖全国甚至走向世界的连锁经营模式，但后期的论证和对自己发展方向的定位不再只是一个单纯的主题公园，还是要结合实际，因地制宜地走自己的融合发展之路。除文化主题旅游产业板块外，嬉戏谷逐渐确立了"大型互动娱乐智能装备项目研发及生产"、"动漫文化内容开发及衍生产品连锁销售"、"主题文化旅游项目创意策划及品牌管理输出"三大业务板块，这就为以后的技术输出、管理输出、人才输出的"轻资产化"之路奠定了基础。

（二）发展之路不唯大

从 2011 年开园到现在，嬉戏谷走出了很多同行认可的路数，规划上的、品牌建设上的、设备遴选和开发上的，当然还有二次消费开发上的业绩，吸引了不少同行前来取经，不少政府和企业寻求合作。第一次试水是打造室内主题公园宿迁嬉戏谷动漫王国，嬉戏谷将品牌、管理和项目设计进行输出，走出了谨慎踏实的一步。但它没有被眼前的繁华迷惑双眼，它清楚地知道自己的优势和核心竞争力是什么，入园率、二次消费占比、设备及项目更新，这些都是看得见、摸得着的硬实力，真正让自己有底气的是那些摸不着、看不见的地下梦工厂：对市场的精准判断、对技术的精益追求、对主题公园企业大学的建设、对人才梯队培养的机制、对不同时期营销市场的嗅觉、对重大决策的果断把握，这里面甚至有很多因素是不能被量化的，一些是长久见效的坚持，一些是可遇不可求的时代机遇，一些是企业家的精神和魅力所在。对软实力的不断锤炼，支撑了"一园、一馆、一中心"的钢筋骨架，培养了极具忠诚度的员工，这在劳动密集型的服务行业实属不易，还拥有了甲子科技互联网有限公司等一批国内第一梯队的技术后盾。嬉戏谷的掌舵者一直很谦虚，即使领跑行业，也只承认自己走出去了一小步而已，始终淡化成绩，常思近虑远忧，并且每一步都坚持不唯经验，脚踏实地。

（三）梦，一直在路上

丁俊伟总经理坚持：明天比今天进步一点点，这就是最落地的梦。争创了4A，那么下一步就要争创5A，做好了单体园区，就谋划做好综合景区，嬉戏谷一路都在实现着一点点的进步。如果说当初嬉戏谷的发起者只是做了一个关于动漫游戏的梦，那么今天的嬉戏族人正在做着一个更宏大的梦。这个梦，没有界限：发展的力量薪火相传，新的人才、新的血液在注入，"人"才是梦工厂的永动机，嬉戏谷在新一代领导团队的带领下，正在拓宽先前的道路。这个梦，关乎幸福：后现代工业时代的到来，人们都开始关注生活本身，休闲的需求从观光到旅游再到度假，逐渐升级。嬉戏谷的未来发展之路更加关注人们内心世界的需求，如何增强人群连接度，比如在活动组织和设备选择上突出亲子互动；如何提升人们的休憩选择和空间，比如建设汽车营地、现代农庄果园；如何浓厚自身的主题文化内涵，比如动漫微电影、电视剧的拍摄。主题公园终将只能成为嬉戏谷的一个环节或者一部分，嬉戏谷的未来之路，必将是跨界的、融合的，让时间去见证吧。这是一个伟大的时代，梦想属于每一个人，嬉戏谷对所有拥有梦想的人和企业都会赠言：梦，不始于我，也必不止于我，请不要辜负这个时代。

第二章 大文化＋游戏化的经营理念

对于企业而言，经营理念就好比一个国家的宪法，在企业中有着不可动摇的地位，所以嬉戏族集团在成立之初便着重建设企业文化、探索独特的经营理论，形成其特有的企业精神，本章节就让我们在嬉戏族集团"大"文化的背景的带领下，了解其企业的创新理念，触碰其多元化的商业模式及最具特色的"游戏化"管理机制，从而去体会嬉戏乐园的快乐精神。

图 2-1 嬉戏谷企业文化宣讲

第一节　嬉戏族集团"大"文化

　　任何一家企业要真正步入市场，走出一条发展较快、效益较好、整体素质不断提高、各方面协调发展的路子，一般都离不开企业文化建设的普及和深化。企业文化可以把员工紧紧地团结在一起，形成强大的向心力，使员工万众一心、步调一致，为实现目标而努力奋斗。优秀的企业文化，不仅对员工具有很大引力，对于合作伙伴如客户、供应商、消费者以及社会大众都有很大引力，优秀的企业文化对稳定人才和吸引人才方面起着很大的作用。企业文化就像一个无形的指挥棒，让员工自觉按照企业要求去做事，这就是企业文化的导向作用。优秀的企业文化无形中对员工起激励和鼓舞的作用，良好的工作氛围，自然就会让员工享受工作的愉悦，如果在一个相互扯皮、钩心斗角的企业里工作，员工自然就享受不到和谐和快乐，反而会产生消极的心理。企业文化所形成的文化氛围和价值导向是一种精神激励，能够调动与激发职工的积极性、主动性和创造性，把人们的潜在智慧诱发出来，使员工的能力得到全面发展，增强企业的整体执行力。

　　企业文化建设的灵魂是独一无二的企业核心价值观，以及在此基础上提炼出企业的性格与理念的方向，形成具有独特形象的企业精神。纵观中外，有竞争力和获得长足发展的有实力的企业往往都有体现自身特色的核心价值观。核心价值观作为企业文化最核心和企业在长时间实践活动中形成的共同准则，对企业的发展、进步起着不可小觑的作用。价值观深深根植于企业内部，它们是没有时限地引领企业进行一切经营活动的指导性原则，在某种程度上，它的重要性甚至要超越企业的战略目标。价值观是所有企业目标的先驱，是一切企业目标为之奋斗的基础。

　　对于立志成为全球游戏主题乐园品牌 No.1 的嬉戏谷来说，企业核心价值观对长远发展所起的重要作用不言而喻。

一、忠诚、敬业、创新、共赢

提到嬉戏谷文化，就不能不提嬉戏谷的缔造者——嬉戏族集团。作为大型文化产业领军型企业，嬉戏族依托"虚实互动"的新型商业模式，整合联动文化、科技、体育、旅游四大产业板块一体化集约发展，业务涉及文化创意、主题公园等领域。嬉戏族的企业文化可以归为一个英文单词"NAVI"，代表 Noble（高尚高调，舍我其谁）、As One（凝聚协作，浑然一致）、Victory（胜券在握，缔造价值）、Inspire（鼓舞今朝，启迪未来）。在 NAVI 领航文化的指引下，嬉戏族以资本经营引领产业经营，突破地域限制开展核心企业的横向整合与扩展，探索国际化经营道路，打造可持续发展的、拥有强大核心竞争力的现代国际化企业，并矢志成为开辟"蓝海"通途的领航者。

嬉戏族集团横跨主题公园、线上互动、文化体育、旅游地产、商业五大板块，围绕以"创意"为核心价值的动漫游戏创意产业链，致力于打造数字文化航母品牌，其核心价值观可以集中体现为"忠诚、敬业、创新、共赢"四个关键词，这奠定了企业快速发展的灵魂。

（一）忠诚

嬉戏族人以忠诚为立足之本，言行与企业保持一致，诚恳、厚道、可靠，为企业的发展尽心尽力；把自己的前途、命运与嬉戏族的发展紧紧联系在一起，与企业同呼吸、共命运。

忠，尽心竭力；诚，真心实意，代表着诚实、守信和服从。恪尽己任，融入企业；忠于优秀的工作态度；做实在事，做实在人，不盲目服从的主人翁意识；认同嬉戏谷的目标和共同价值观，并成为一分子；愿意为嬉戏谷付出努力与感情，爱企业如同爱家。忠诚，是勤业的态度，是精业的能力和乐业的境界，是嬉戏谷的需要，也是自己的需要。

（二）敬业

敬业是嬉戏族人的灵魂之巅，更是嬉戏族长期以来追求卓越精神的传承；嬉戏族人崇尚自己的职业，执着、专注于工作，追求高效和品质，在工作中享受快乐和满足；以正确的人生观和价值观引导职业行为，矢志成为开辟"蓝海"通途的领航者。

敬，尊重专注；业，职业事业，代表着认真踏实、持恒稳定、笃行不倦。对工作专心致志的态度，是恪尽职守、精益求精的岗位追求；是热爱、执着于事业，主动作为的能力体现。

不以事小而不敬。让标准成为习惯，保持激情，不畏困难、阻力，把职业转化事业，成就自己，成就嬉戏族（如图 2-2 所示）。

（三）创新

嬉戏族以独特创新为视野，实现中国数字互动娱乐产业新认知，赢得业内广泛赞誉，把握市场机遇，将一个又一个瑰丽的梦想落地，嬉戏族以文化产业模式、管理机制的创新开篇，充分尊重人才、组织创新，确保产业龙头地位不动摇。

图 2-2　嬉戏谷员工军姿训练

嬉戏族将创新的基因植入员工中去，充分授权、全力保障创新，帮助员工发掘自我，发挥出最大的迭代力，产生出差异化的新价值，为嬉戏族的发展开启新篇章。

（四）共赢

嬉戏族以创造效益为根，以企业成功为标，也是嬉戏族的愿景；共赢共生，赢在未来，嬉戏族以客户、人才、合作伙伴的社会价值、经济价值实现为使命，不仅从专注走向多元，为员工创造了广阔的上升空间，引领合作伙伴以至上的服务和丰富的旅游产品赢得客户的赞誉，赢得市场，更致力于合作共赢实现共同发展，扩大各方利益汇合，推动建设持久的和谐企业。

协作共赢，共同发展，嬉戏族将员工、客户、合作伙伴的发展提到了与公司发展同等的位置，在共同的价值理念下，共同承担风险、共同分享利益、达成共同目标，共同获得持续的良性发展（如图2-3所示）。

嬉戏族集团不仅致力于为企业创造商业价值，更为世界动漫游戏文化爱好者创造社会价值，同时为员工和客户创造巨大的人本价值。嬉戏族进一步完善数字文化产业链，推动多元化产业发展，从而推动产业转型升级和向上下游延伸，实

图2-3　嬉戏谷员工素质拓展活动

现多元化产业模式联动发展；为世界数字娱乐玩家演绎了一个全方位的数字动漫游戏一站式的互动体验，为全世界的玩家打造了一系列数字文化精神家园；为员工提供学习成长的绝佳环境和机遇，让员工实现并超越自我价值，同时为客户、上下游企业注入新鲜活力，助力成就无限价值。

二、我们的追求

"在美国有一群濒临灭绝的鹿，被困在一处水草丰美的地方保护起来，吃了睡、睡了吃，没有任何天敌接近它们，但随之而来的是这些鹿的身体越来越差，数量再次锐减。科学家把'狼医生'请过来，每天狼群追着鹿群在草原上飞奔，凡是跑不动的就被吃掉。几个月后，这群鹿在狼的追赶下，已经变得'健壮如牛'，数量稳增。"

这个故事告诉我们一个自然法则，也是社会法则：时刻具有危机意识，在任何情况下都能更好地生存，一个群体没有危险意识，就是最大的危险。

嬉戏族人时刻保持警醒，怀着信念探索蓝海，服从制度并且充满激情，他们是一支高执行力、共同发展、永不背叛的队伍。

（一）对客户：同心同行，一路相伴

嬉戏族人始终以客户的需求为出发点，全面强调对客户的人性化关爱，尊重客户的每一个梦想，珍惜客户的每一个需求，以主动服务为消费者提供以人为本的服务体验；不断追求完美的产品质量，追求以人为本的服务质量，让嬉戏族的每一项产品都完美无缺，每一句欢迎都沁人心脾；努力与客户共同创造价值，在不断为客户创造价值的过程中，为每一位客户搭建施展能力的舞台；始终把客户的安全放在第一位，抓好安全超前预控，做到防患于未然。

（二）对市场：挖掘机会，寻找蓝海

嬉戏族人坚信市场的蓝海中充满了机会，每个人都应该时刻保持武器的锋利，并警惕身边的风险。在激烈的竞争中，族人们必须得想尽办法让自己"活下去"；所有族人要找到正确的市场定位、价格定位、产品定位和品牌定位，只有找到独一无二的差异化定位，才能最大程度地彰显企业个性，提升企业价值；每一个环节、每一个岗位、每一位嬉戏族人，都要注重细节，成就卓越的产品品质；嬉戏族人致力于打造全产业链，让资源在相互作用和激发中向共同的目标努力，同时使资源在产业链不同环节的分配更有效，降低成本才能更好地满足市场需求。

（三）对员工：号令集结，众人划桨

每一位成员的成长都是整个团队获得成功的源泉，因此团队内建立了公平公正、灵活有效的绩效评估机制，来激励每一位嬉戏族人不断创造创新，推动内部公平竞争，提升员工工作积极性；每位嬉戏族人能够在共同的起跑线上竞争，优者上，劣者下，在企业发展中实现自己的成长，找到属于自己的位置；鼓励学习，鼓励员工通过学习来迎接不断变化的新形势和新环境，通过提升学习力来增强嬉戏族的应变力、决策力、创新力及竞争力（如图2-4所示）。

我们秉承着"安全（Safety）、快乐（Happiness）、效率（Efficiency）、洁净（Cleanness）"SHEC 的行动指南，通过夜以继日的努力，向着打造全球游戏主题公园品牌 No.1 的目标不断迈进。

图 2-4　嬉戏谷"战高温　保安全　促服务"动员大会暨"嬉戏谷好青年"表彰大会

第二节　嬉戏谷的创新理念

创新对一个国家、一个民族来说，是发展进步的灵魂和不竭动力，对于一个企业来讲就是寻找生机和出路的必要条件。从某种意义上来说，一个企业不懂得改革创新，不懂得开拓进取，它的生机就停止了，这个企业就濒临灭亡。创新的根本意义就是勇于突破企业的自身局限，革除不合时宜的旧体制、旧办法，在现有的条件下，创造更多适应市场需要的新体制、新举措，走在时代潮流的前面，赢得激烈的市场竞争。

在社会发展过程中，很多企业在创新中求生存，脱离创新，很多企业都会无所适从。众所周知，苹果公司的发展进程中就离不开创新这两个字。苹果公司的七个创新秘诀如下：①做你乐意做的事。乔布斯曾经鼓励员工："人有激情就能让世界变得更美好。"乔布斯一生都跟随自己的内心，正是来自内心的激情实现了所有的这些创举。只有我们怀着推动社会前进的热情，才能够拥抱创新和独树一帜的理念。②要有改变世界的理想。只有激情是不够的，需要远大的理想指引方向，1976年乔布斯与沃兹尼亚克创办苹果公司时，乔布斯的理想是让每个人拥有一台电脑。1979年，当乔布斯在施乐公司研究中心看到一款概念阶段的图形用户界面时，乔布斯眼前浮现出未来人人拥有图形用户界面计算机的远景。随后乔布斯将该技术应用于苹果的麦金塔电脑，从而掀起全球图形化电脑界面的序幕。③跨界创新。"创造力是桥梁，是纽带。"乔布斯坚信桥梁和纽带的创新一定要进行跨界，一定要从其他行业寻找灵感。无论是电话簿还是钢琴，都可以成为乔布斯的创新灵感源泉。④卖的不是产品，是梦想。购买苹果产品的人是什么呢？是顾客吗？不是，乔布斯把顾客看作有血有肉有情感有梦想的人。而苹果公司的产品正是要帮助顾客去实现自己的梦想。伟大的产品将帮助顾客激发潜能天赋，这样的产品赢得用户的心。⑤少即是多。苹果产品以简洁著称，从 iPod 到 iPad，从包装到官网，苹果的创新意味着消除多余的元素，奉行少即是多。乔布斯说："我对做过的事情感到自豪，但我对决定不做的事情同样感到自豪。"⑥提供超酷的体验。全世界最好的零售店就是苹果商店，其体验是超酷而又简洁的。苹果商店内没有收银员，却有产品专家、顾问甚至天才。因为苹果不是为卖而卖，而是为了丰富用户生活体验。这两者之间相差甚远。其实每个公司都可以这样去做，但是能接受这样的观念吗？⑦要懂得说故事。乔布斯是全球最擅长演讲的 CEO，每一次产品推介都是经过精心策划设计的故事，包括每一页 PPT、每一个图片、每一句话、每一个动作，苹果的产品发布成为一种行为艺术，每一次都让全球瞩目并且在全球瞩目下揭示创新的产品。

嬉戏谷作为国内唯一一座虚实互动、体验型数字娱乐动漫游戏主题公园，自 2011 年 5 月 1 日建成开放以来，以"勇闯动漫游戏奇幻世界"的鲜明感召一炮走红，成为长江三角洲地区又一知名文化旅游品牌，甚至刷新了国内主题公园的多项纪录。

截至目前，嬉戏谷先后获得"国家 4A 级旅游景区"、"全国科普教育基地"、"全国电子竞技运动基地"、"中国少年儿童动漫活动体验基地"、"江苏省文化产业示范基地"等称号，获取"中国创意产业最佳园区"、"中国十大高端旅游品牌"等荣誉。其所处的常州市武进区太湖湾旅游度假区，也在 2013 年被省政府批准升级为省级旅游度假区。

推动嬉戏谷持续快速发展的根本原因，就在于"创新"二字！

一、创新的商业模式

文化是资源，也是资本；是理念，也是价值。常州市、武进区两级政府前瞻性决策，将太湖湾传统山水文化旅游资源与网络科技文化进行了大胆结合，跨界整合出了嬉戏谷这个现代人文主题旅游产品，"点亮"了 7.8 公里的武进太湖湾黄金岸线，成为突破太湖自然山水传统旅游模式的点睛力作。

凭借"新品"势头，嬉戏谷吸引了大批的游客前来，连连交出惊喜答卷。在国内同行业陷入同质化而后劲不足的情况下，嬉戏谷积极创新、自主研发，将动漫游戏文化元素注入旅游业，实现数字文化和旅游产业间的跨界融合，打造出极具竞争力的精品，成为江苏文化创意产业创新发展的典范。

集独创性、高科技性、娱乐性、竞技性、仿真性等要素于一体，嬉戏谷既是全球优秀数字文化的集中地，更是世界级动漫游戏互动体验的创新地。在注重给予消费者"虚实互动"娱乐新体验的同时，嬉戏谷还创新实践独特的线上线下联动发展商业经济模式，交互和平移线上、线下资源，彼此互相衔接补充，互为上下游市场，极大地拓展了文化产业发展空间（如图 2-5 所示）。

图 2-5　嬉戏族商业模型

可以说，嬉戏谷创造了一种新型商业模式，打破了人们只把山水有形资源作为旅游吸引物的传统观念，把体验、理念等无形资源也看作一种旅游吸引物来开发。这种虚拟与现实的互动，娱乐与休闲的结合，是一次从无到有的尝试，在时进步迅速的时代，嬉戏谷的这种大胆尝试是值得赞扬和学习的。

二、全新的文化主题

让文化活起来、动起来，嬉戏谷让高新科技助力文化活化。嬉戏谷通过自主开发和技术集成，先后研发了大型 LED 主动立体影院、人机交互 4D 影院、4 自由度动感飞行特种影院、360 度立体天幕影院等项目，已申报多项国家专利，部分智能装备已实现了量产（如图 2-6，图 2-7 所示）。"嬉戏谷"自主研发的交

图 2-6　游客体验数字虚拟化设备

图 2-7　嬉戏谷海底精灵城

互 4D 影院、动感影院、360 动感飞行舱项目及墙体投影项目已成功输出至杭州
宋城、横店影视城、宿迁园博园等地。

　　除了自主研发，嬉戏谷更以国际化的视野，积极与全球知名品牌联手，借助
合力迸发新灵感。在项目内容上，嬉戏谷吸纳全球范围内优秀动漫游戏要素，集
成萃取出"人"、"神"、"兽"世界网游的三大永恒主题，在表现形式和内容
上都有所创新，并非简单地复制某一款游戏的场景。这不仅消解了可能出现的版
权纠纷，更使项目具备了长久生命力。

　　"创意要借助科技的翅膀才能高飞。"借用江苏省文联主席章剑华的说法：
"这个公园首次将互联网技术全面运用于主题公园，将网络线上线下两个互
动娱乐平台进行有机整合，注重现代数字文化互动体验，给虚拟世界一个全
新主题。"

图 2-8　嬉戏谷游戏文化主题

三、多元化产业融合

唯有将创意转化成多元产品，实现多元价值产业链条，才能成为有现代竞争力的企业。嬉戏谷不只是一个主题公园，还是 365 天的动漫游戏文化体验博览园，也是一个文化与科技高度融合发展的创意产业园区。嬉戏谷定位于交互式的文化体验平台，以数字文化为核心，以智能科技为依托，用产业融合促进结构升级和业态创新，在集聚全球范围内优秀动漫游戏文化内容的基础上，促进内容产业从量变到质变，创新动漫游戏内容产业的发展模式。

在建设创新型动漫主题旅游精品项目的同时，嬉戏谷兼顾文化、科技和体育等关联产业的联动发展，大力促进文化、科技、体育与旅游板块间的跨界融合，将体验经济引向纵深。

作为江苏省现代服务产业结构调整升级的创新工程，嬉戏谷不仅为江苏省的旅游、文化产业等传统产业注入活力，更为长三角乃至全国的动漫卡通、数字互动技术、软件研发应用、智能科技装备研发及产业化应用等新兴产业提供新机遇。嬉戏谷建成投运后，直接创造就业岗位 2000 多个，还带动了周边区域各种服务接待设施、客运服务、环卫保洁、餐饮住宿、商业零售等就业岗位的增加，创造间接就业岗位超过 5000 个（如图 2-9，图 2-10 所示）。同时，项目带动了周边区域土地价值大幅提升，为推动区域经济发展做出了突出贡献。

图 2-9　嬉戏谷员工拔河比赛

图 2-10　嬉戏谷员工打招呼训练

第三节　管理游戏化

嬉戏族企业致力于数字动漫游戏产业，在企业管理上也借鉴了数字动漫游戏文化的精髓，创新性地采用游戏化管理的模式，提升员工的企业认同感和归属感，有效地提高整个企业的运营效率。游戏化管理体系包括了游戏式经验值体系、游戏式部门名称、游戏式语言体系和游戏式服装体系等。员工一旦进入园区，就必须立刻融入自己在游戏中的角色，彻底忘记自己在现实生活中的一切，企业要求每位员工都能成为充满激情和欢乐的活力源泉，这种激情可以在各种场景模拟中通过员工传达给身边的游客，让所有进入园区的游客都能始终处于快乐和梦幻当中，帮助游客快速融入嬉戏谷这个充满奇异想象的美妙世界。

一、游戏式经验值体系

游戏式管理体系核心——游戏式经验值体系，是一套独立的激励系统，使新进员工根据其任职岗位，明确其起始基数。员工通过电脑平台，可以清楚看到自己所处的级别，以及到下一级别所要获得的经验值、金币以及技能值。它告诉员工通过个人努力就可以获得提薪升级的机会，这样真正调动员工的主动性和积极性，不断努力地去为自己争取增加经验值、金币、技能的机会。

游戏式管理体系在采用实时记录的方式使员工围绕企业发展战略和目标的同时，让所有员工犹如游戏中的打怪、做副本一样，完成自己的工作，既充满乐趣，又促进员工的自我激励和自我管理，实现员工个人价值和企业价值的完整统一。员工可以真正做到自己掌握自己的工资，掌握自己发展的命运。

游戏式经验值体系包括以下内容：

第一，同职调薪及升级制度，员工通过日常工作可获得经验值和金币，数量满足其在相应岗位的数值时，即可获得同职调薪，当经验值、金币和技能都满足一定条件时，薪酬即可得到升级，调薪和升级的具体标准都由《嬉戏谷游戏式管理体系》明确规定。

第二，经验值制度，将员工的工作时间数值化称为经验值，员工转正后每日都可获得日常经验值，有特殊贡献的可以获得特殊经验值奖励，优秀员工"每日之星"等获得追加奖励，年中、年终根据绩效评定结果给予或扣除经验值，员工如有工作失误将会损失经验值。经验值制度已被确立为员工调整职级薪资的标准之一。

第三，金币制度，即在日常的工作中，以每月客流量和出勤数为基数，员工会得到与客流量相对应的金币数，金币数是员工同职调薪或升级的重要条件之一。员工的日常游客接待、出勤次数以及为公司、对客户所做的特殊贡献等都以金币形式体现，累积到一定金币后调岗涨薪，兑换奖金等。

第四，技能制度，员工可通过各种学习渠道，实现自我学习，努力提高个人的职业专业度和技能，所获得的技能数将计入员工的调薪和升级。技能分为乐园运营工作技能（以青菜来计算）和游戏动漫专业技能（以水蜜桃来计算）。青菜技能主要包括获得与乐园运营工作有关的资质证书、听取有关培训讲座获得技能认证，阅读乐园指定书籍并通过统一测评，对其他乐园完整地参观考察，通过网络学习形成专业学习报告等；水蜜桃技能主要包括熟练掌握经典电脑游戏并达到一定等级，业务时间掌握动漫卡通知识，自费参加各类游戏动漫展览会，网络学习研究动漫发展动态，通过多种渠道获取动漫、游戏产业的最新信息等。

除了游戏式经验值体系，嬉戏族对内部管理进行了全方位的游戏式改造，将企业各职位和部门的名称均按照游戏模式改名，创建了全新的游戏式语言体系和服装体系，从而使嬉戏谷从内到外都散发出浓厚的动漫游戏氛围，让每一位顾客仿佛真正置身于传说的游戏世界。

二、游戏王国的虚拟与现实

嬉戏谷创新性地提出了"虚实互动"的商业模式，通过线上线下两个平台，打造内容科技文化产业链，充分集聚全球最优秀数字文化内容，结合现代最新数字娱乐科技及互动技术，采用对动漫游戏虚拟场景局部实景化演绎的手段，创新动漫艺术、游戏文化的传播展现方式，大力推动各产业间的跨界融合。

现代人都有双重身份，线上是网民，线下是市民。如果能把虚拟世界和现实生活中的无形"壁垒"打通，将开辟出一种全新的消费模式。1+1=2，但线上与线下两种资源的叠加，却能激发出"乘数效应"，催生出一个崭新的商业模式和盈利模式。

"嬉戏谷"探索的"虚实互动"商业经济发展模型，即线上玩家、线下公园游客两种资源转换、叠加，创造线上线下的结合方式，形成广大的消费群体。通过提供著名网游和原创游戏，打造数字娱乐、主题公园、衍生产品等环环相扣的财富生产链，形成了特有的"利润乘数模式"，彼此互相衔接、补充，互为上下游市场。

线上，一个名为"嬉戏族"的线上互动娱乐平台已经建成。网络游戏能长期吸引大量的爱好者，除了内容为王外，更重要的是有一个方便、成熟的网络交际系统，长久地留住爱好者。自主品牌"嬉戏族"以"80后"、"90后"为主力，他们接受新事物的能力强，一拨连着一拨。

线下，九大动漫游戏主题文化体验区及多款游戏嘉年华项目初步建成。中国数字娱乐产业论坛、中国数字娱乐盛典、动漫游戏交易博览会、ESWC、WCG、ChinaJoy 等国际、国内电子竞技赛事、COSPLAY SHOW 大赛等线下活动给了所有动漫玩家一个真实存在的游戏世界。

众多网游商家也将"嬉戏谷"作为一个"转换器"——网上的玩家可以在现

实中找到乐趣，不懂的人可以通过公园接触到网游，进一步扩大用户群，网游企业也可以通过公园的运行得到大众反馈，调整游戏营销策略。"嬉戏谷"已与多家国内外著名网游公司签署了战略合作协议或者开展异业合作谈判。

"嬉戏谷"给予消费者的，是不断的新体验。圣殿山上，巍峨壮丽的中华龙塔蕴含着游戏帝国中挑战、奋斗、追求自由的精神内涵；在魔力宝贝为主题的4D魔幻剧场，最先进的舞台幻象技术，让人领略亦幻亦真的神奇景象，动物飞走、模拟星空、人物消失；自动控制、数字模拟与仿真、特效电影等手段无处不在，戴上特制的头盔，乘坐奇幻火车，你可以看到天下、天堂等著名网游中的场景，一切都活灵活现，触手可及，而且常换常新。

现在的嬉戏谷，围绕动漫游戏文化体验、智能科技研发应用、体育电子竞技运动、数字文化主题旅游四大功能核心，已然成为国内唯一、规模最大、体验全新的数字文化主题景区。如此大规模且内容丰富的动漫游戏主题文化体验基地，足以让每个到此的家庭、团体、游戏玩家、青少年尽享一个前所未有、虚实互动的动漫欢乐时光（如图2-11所示）。

图2-11　嬉戏谷咕噜咕噜喷泉

第四节　嬉戏乐园的快乐精神

"天有三宝日月星，地有三宝水火风，人有三宝精气神"。精气神是人内在的精神气象和品德禀赋。一个人有精气神，就具有良好的生命气质和旺盛持久的力量。一个企业有了精气神，方能上下同欲，达企达人。对于嬉戏族人来说，快乐至上的文化精神一直在鼓舞着大家勇往直前、奋勇争先。

传递快乐能量的核心人物即是嬉戏谷的主人公："CC公主"（如图2-12所示）。她是一位16岁的美少女，她拥有天使般姣好的面容，玲珑婀娜的身材，永驻青春之身，更具有主神一样的精神信仰。CC公主腕上的"珠之灵镯"能发出神的召唤，手中的"冰晶之华"宝剑拥有超凡的法力。历经数千年的轮回之苦，终于在21世纪的嬉戏谷寻回了失落的神格，建立自己的信仰国度。CC公主掌管着嬉戏谷奇幻世界里的人神兽三界众生，常年戴着"迷面之翼"面具，张开翅膀巡弋在嬉戏谷的天空，确保这里的欢乐与祥和。

图2-12　嬉戏谷主人公——CC公主

嬉戏使人快乐，快乐是最宝贵的精神财富，它能使人感觉充实、更加相信未来；同时快乐没有边界，来源于每个生灵最美好的天性。然而越是珍贵越是来之不易，快乐本就不易得，却又难守易失。真正的快乐发自内心，而美好的品德是培育散发快乐内心的土壤。在嬉戏谷中正义的嬉戏族人一直坚守着快乐的信仰，为了实现这一信仰，勇敢的嬉戏族人高歌猛进，无畏艰险，一路行来披荆斩棘，一往无前，他们都推崇并拥有八大美德。为了嬉戏谷的光荣与梦想，CC公主将八大美德分别注入八大种族的精魂之中，令其化身为骑士，常年驻守在嬉戏谷中寓意挑战、团结、超越、追求自由的动漫游戏精神图腾圣殿山的脚下，永远守护着这个世界的圣神之光。

第一位是"诚实"的化身海之精灵美人鱼，她的言行跟内心思想一致，毫不虚假，纯洁诚实，她双手交叉于胸前，眼神仰视，似虔诚祷告，又似表白真我。

第二位是"英勇"的化身半人马，在无数的传说之中，半人马无疑是最英勇善战的种族，他以其英勇的气质配以哥特风的外表，彰显其强悍勇猛的气势。

第三位是"精神"的化身女术士，在游戏世界里，水晶往往是精神之力的物化表现，水晶石也被视作精神能量的来源，女性术士手举水晶球，姿态挺拔，展现强大的精神之力。

第四位是"公正"的化身大法师，公平正直，没有偏私的人类大法师，双手各平托一个圆盘，暗喻天平之意，展现其公正严明的执法者形象。

第五位是"光荣"的名誉化身大祭司，他是神之旨意传达者，手捧荣誉之盾（以荣誉勋章的形象设计）将要颁发给凯旋而归的战士，展现出荣誉授予时的神圣庄严与崇高。

第六位是"牺牲"精神的象征身负重伤的战士，他在血雨腥风的沙场上，即将为信仰而牺牲，但是他双手倚剑而立，身后披风随风狂舞，牺牲前顽强不屈的精神谱写着生命的壮歌。

第七位是"谦卑"的化身大天使，高贵与力量的天使，强大而圣洁的存在，当他摘下金色头盔，收起华丽羽翼，低下俊美面容，向您深施一礼的时候，我们都懂得了谦卑的含义。

第八位是"怜悯"的大地女儿森之精灵，尖耳蝶翼，一手扣胸一手低抚，双眉微皱，身下衬以些许花草，表现其对自然万物的怜悯之心。

这八大骑士屹立在通往圣殿山的 365 级台阶两侧，365 天警醒世人牢记这八大美德，捍卫快乐的信仰！

嬉戏宣言

当共性向东，我们向西，

当梦想在前，我们在后，

我执迷，我追逐，

我嬉戏，我存在！

如果游戏继续小众，

那么世界将不再出众，

认同嬉戏者，认同世界！

阻碍社会进步的未必是守旧，

推动历史发展的一定是创新，

嬉戏族，汇聚创变未来的力量，

誓与一成不变的黑色幽默分高下；

嬉戏谷，给世界一个主题，

以榜样的名义，让震撼从不属于别处。

当梦想成为信仰，嬉戏无罪！

当玩乐寓意焕新，嬉戏万岁！

第三章　游戏化的产品开发

今天随着互联网产业技术的成熟和发展，数字娱乐越来越深入人心。作为数字娱乐产业的重要组成部分，动漫游戏已经成为广大互联网用户一种新兴的娱乐生活方式和重要文化消费方式[1]。嬉戏谷抓住时代机遇，锁定庞大的数字娱乐消费群体为目标市场，精准把握该特定消费群体的娱乐需求特性，创新实践独特的"虚实互动"旅游产品开发模式，通过营造神秘、梦幻、震撼、热血的快乐氛围，缔造了嬉戏精神的家园，打造了一个截至目前全球规模最大、体验全新的动漫游戏主题王国。

图 3-1　嬉戏谷云之秘境

1　《2009 年中国网络游戏市场白皮书》。

第一节　缔造嬉戏精神家园

在具有主神精神信仰的 CC 公主的带领下"人"、"神"、"兽"三界众生在这个嬉戏的国度里拥有他们各自的领地，他们和精灵等其他种族一起生活在这个快乐自由的世界，随时为捍卫这里的欢乐与祥和而战，而所有具有这种精神信仰的种族被统称为"嬉戏族"。嬉戏族都拥有一种执着的嬉戏精神，凭借这种精神散发的力量守卫和保护着他们的嬉戏空间，斗转星移、寒来暑往，亘古不变。

一、嬉戏空间营造快乐氛围

主题公园是从杂耍的概念孕育起来的，来主题公园游玩就是为了寻找快乐，为大家营造快乐、轻松的氛围是所有主题公园永远的使命。那么怎么才能把动漫游戏这个主题做到极致，让游客一走进嬉戏谷就能够感受到快乐的因子，从始至终沉浸在快乐的氛围中呢？

开发建设阶段嬉戏谷精心规划九大数字文化体验区，设置 200 余项游乐及休闲景观项目，其中包括娱乐设备 100 余项，艺术表演 14 场，主题餐厅 8 个，配套国际动漫游戏交易展览馆、国家电子竞技运动中心和嬉戏大剧院等。布局上则针对不同人群的需求、不同的文化主题来激发不同游客群体的嬉戏心境。比如，摩尔庄园主题区将中国最大的儿童互联网社区"摩尔庄园"移植至线下满足小朋友的游览需求（如图 3-2 所示）。文化主题上，对应嬉戏谷奇幻世界里的人神兽三界众生，分别规划其各自的属地。传奇天下区以"人"为文化象征，满足游客竞技挑战、奇趣冒险的需求；被誉为"神"文化繁衍地的星际传说区则以高科技游乐项目和先进技术水准的设施为游客呈现一段唯美的心跳历程；"兽"

图 3-2　以人神兽为主题的四大互动娱乐体验区

文化对应的饱含魔幻色彩，以冒险、生动、挑战为特色的迷兽大陆区，拥有顶尖刺激的大型游乐设施和个性服务，综合了巨幕、环幕 4D 电影、多自由度动感游览车、现场特技等多项高科技表现形式，让游客在真实场景和立体虚景之间遨游穿梭，享受无穷的乐趣（如图 3-3 所示）。

二、全新模式开启嬉戏空间

为了保持嬉戏谷动漫游戏主题公园的新鲜感和文化延续性，嬉戏族开发建设了线上嬉戏族、线下嬉戏谷两大平台互动体验模式。虚实互动的独特开发模式使嬉戏谷在中国乃至全球范围，成为首个以动漫游戏为主题的全新体验主题公园，启动开始便被寄予厚望。嬉戏谷不负众望，两大手段开启动漫游戏主题公园建设新篇章：一方面，项目原创性强，同时开发建设线上、线下两大互动平台；另一方面，从梦想走入现实，将动漫游戏中的经典虚拟场景实体化到嬉戏谷的园区项目建设中。

图 3-3　嬉戏谷雷神之怒

　　2011 年开园同时正式开启线上平台，在"嬉戏族"互动娱乐平台与线下娱乐项目实现互动和对接，还开发推广大型在线游戏"中华龙塔"、"CC 飞车"等一批具有自主知识产权的网游。线下平台建设通过动漫游戏虚拟场景局部实景化来实现，结合线上平台内容建设"英雄门"、"神秘岛"、"星际传说"、"迷兽大陆"、"圣殿山"等动漫游戏主题文化体验区，把互联网游戏中的经典虚拟场景根据合适的比例呈现在玩家的眼前。嬉戏谷开发建设的 200 多种动漫游戏游艺项目与线上游戏形成呼应，在公园的开发建设过程中嬉戏谷有将近 1/3 的项目是全球首创。

为了打造一个在空间上实际存在的嬉戏世界，把经典的动漫游戏场景实体化到现实生活中，让广大数字娱乐玩家离开电脑屏幕也能享受动漫游戏的动感、刺激、震撼、梦幻，嬉戏谷硬是将虚拟的画面活脱脱搬到了现实中。为了打造出动漫游戏场景的逼真氛围，嬉戏谷从规划定位上就苛刻异常。项目规划曾聘请了美国 EDAW、JAR，法国 EREMCO 等国际一流规划设计公司的大师，然而这些享誉世界、身经百战的设计大师在嬉戏谷的规划建设过程中也饱受"折磨"。将动漫游戏中天马行空的虚拟场景搬到嬉戏谷实体建设中的那些非标准型建筑，让这些国际顶级的洋顾问绞尽脑汁。比如在设计"神秘岛"的外形时，为了突出嬉戏谷的文化特征摆脱迪士尼"睡公主城堡"的影子，数易其稿，几番修改后终于打造出目前的"神秘岛"。其造型和气质的设计规划瞄准民族原创的新高度，有了颠覆性的突破，打上了"嬉戏谷"的烙印，做到了在全世界主题乐园中独树一帜。

三、产品特性铸就全新模式

互联网技术在短短二十年里，以前所未有的速度谱写着改变世界的产业传奇，随着互联网产业的蓬勃发展，以动漫、卡通、互联网游戏等基于数字技术的娱乐产品开始出现在每个人的身边。2014 年中国游戏市场用户数量约达到 5.17 亿，游戏市场（包含互联网游戏、移动游戏和单机游戏等）实际销售收入达到 1144.8 亿元人民币，比 2013 年增长了 37.7%[1]，远远超过电影票房、电视娱乐节目和音像制品发行。在数字娱乐产业这个全新领域，中国原创品牌已经开始日益壮大，而在动漫游戏与旅游产品的融合开发方面嬉戏谷率先起跑，嬉戏谷所打造的全新主题公园旅游产品具备如下特性：

---

1 张立，王飚等 .2013~2014 年中国动漫游戏产业年度报告 [J]. 出版发行研究，2015（3）：7-13।

（一）内容多样性

以情景演绎和互动体验为核心，嬉戏谷将动漫玩家与普通游客的兴奋点有机整合。产品内容包括奇幻动漫、梦境游戏、湖光山色、震撼影音、水上大型动漫彩船巡游、游戏嘉年华、线上线下电子竞技、高端产业论坛及动漫游戏博览会等。嬉戏谷初建时期，有大陆地区唯一的天幕影院、亚洲首套悬挂飞行过山车、首创全国最大的动漫游戏衍生产品商业街、最大规模的低龄儿童动漫游戏角色体验区，可口可乐公司也在此建设国内主题公园中唯一的免费体验中心，精选本地食材富有动漫游戏文化特色的多样食品选择，琳琅满目的旅游商品，刺激挑战的游艺项目，适合不同消费水准的住宿……可以说，来嬉戏谷游玩的各类游客几乎都可以找到属于自己的惊喜（如图3-4所示）。

图3-4 嬉戏谷英雄寨

（二）主题独特性

嬉戏谷专注于动漫游戏文化的互动体验，努力集聚整合全球最时尚、最经典的动漫游戏数字娱乐内容，并以此为文化主题，致力于动漫游戏文化主题的平台构建和文化延伸。比如，世界最大的专业图形芯片公司"NVIDIA"整体授权，永续提供世界最先进的三维立体影像内容，并独家授权嬉戏谷设立全球游戏内容一站式体验中心。嬉戏谷所打造的就是一个前所未有、现实版的动漫游戏欢乐空间和科普基地，致力于为数字娱乐行业创造一个博览推广、互动演示的产品体验平台（如图 3-5 所示）。

图 3-5　嬉戏谷冰剑国度

（三）科技原创性

嬉戏谷的许多项目融入了虚实互动的精髓，打破了线上线下的屏障，嬉戏族注重原创和核心技术研发，既掌控了产品研发的起点，也把握住了产品销售的终点。环球影城一个体验项目造价3亿元，而在嬉戏谷通过自主研发仅用了6000万元就得以落成。2011年开园时期就与大家见面的天际骇客虚拟过山车项目，该项目中所采用的动感座椅就是嬉戏族的自主原创。嬉戏族的科技原创业板块涉及智能互动设备制作、特种影视内容制作、墙体投影等领域，不仅满足嬉戏谷园区项目开发的需求，还输出至其他主题公园和影视基地，正是这种原创的动力推动着嬉戏族的文化脉络一直延续（如图3-6所示）。

图3-6　嬉戏谷天幕幻想

　　放眼全国，嬉戏谷具有唯一性，既能对专业玩家形成强烈吸引，更能结合太湖周边旅游资源，进一步做强做大旅游产业；放眼全世界，嬉戏谷迄今为止依然是全球规模最大、体验全新的动漫游戏主题公园。然而"嬉戏族"并没有满足于他们所取得的成绩，就像生命对于快乐的追求永无止境一样，他们依然在领航世界动漫游戏主题公园的道路上探索前行。

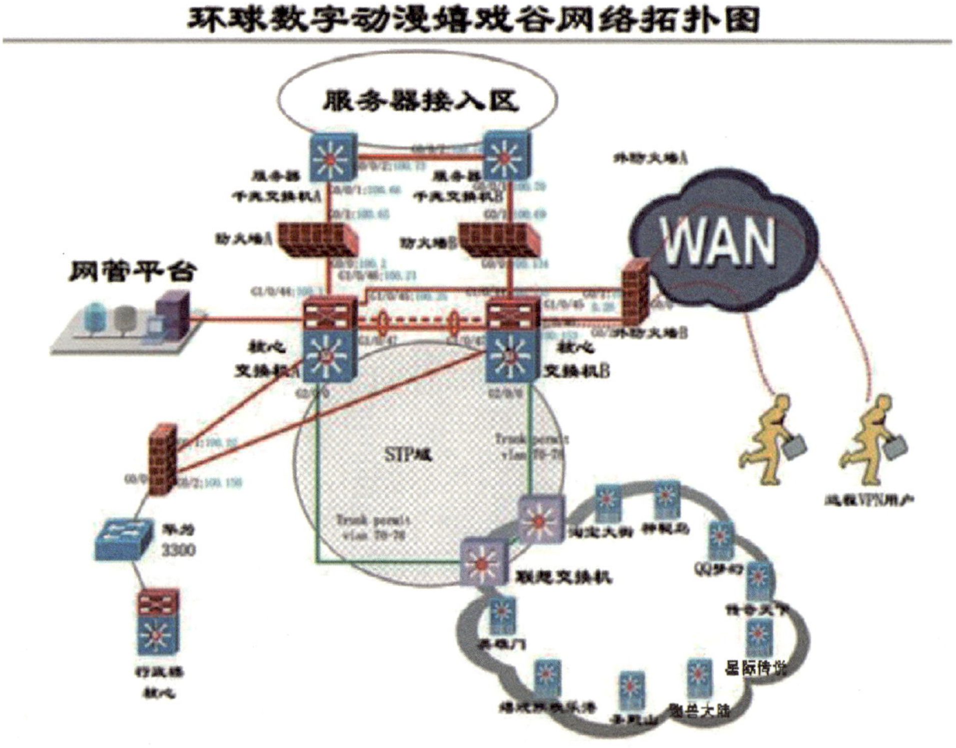

图 3-7　嬉戏族互联网科技布局

第二节　营造快乐体验空间

围绕动漫游戏的主题，嬉戏族在娱乐中提升精神境界，在快乐嬉戏中给予玩家向上的正能量，弘扬并传承中华民族的美德，嬉戏谷使"虚拟"与"现实"对接，形成了独特的旅游文化资源，将自己独特的文化气质与超前的数字娱乐和互动技术融合，开拓和引领了休闲体验旅游及互联网信息娱乐时代的创新形式。当我们走进公园，仿佛进入了一个亦真亦幻、亦喜亦乐的神秘世界，当虚幻遇上了现实，文化与科技碰撞出火花，让人不禁释放心灵，回归本真！

一、以动漫游戏为灵魂的主题创意

现代人的生活越来越离不开互联网，每个网民都拥有线上和线下的双重身份。互联网架起了虚拟和现实世界的桥梁，庞大的虚拟市场充满了无限商机，实现虚拟市场和网下嫁接会创造出更大的发展空间，正是瞄准了这样的机遇才激发了嬉戏谷以动漫游戏为主题的创意，而线上嬉戏族、线下嬉戏谷两大平台则是动漫游戏主题创意的有力支撑。嬉戏谷最大的特色便是它营造出身临其境的感受，就好像穿越至虚拟的动漫游戏中，让游客在现实世界也可以实现曾经只能存在于虚拟世界的"英雄梦"。为了赋予嬉戏谷景区更好的互动体验感，做好线上平台的开发是嬉戏谷"虚实互动"模式的坚实根基。

（一）做好线上平台的原创功课

2008 年，嬉戏谷被纳入江苏省数字文化产业振兴基地的规划建设，成为基地项目一期重点"一园一网"的重要组成部分，江苏甲子互联网科技有限公司作为"一网"的运营机构也随之应运而生。

甲子互联网科技有限公司作为嬉戏族集团有限公司的一部分，以促进数字文化生活为使命，通过互联网为用户提供多元化的娱乐服务，为大众创造更愉悦的线上线下互动体验，从创立伊始便致力于打造互联网和线下资源"虚实互动"的娱乐新体验，努力完善"线下嬉戏谷，线上嬉戏族"的概念。为嬉戏谷的线下实地体验注入源源不断的文化推动力。

1. 从中华龙塔到圣殿山

《中华龙塔》是甲子互联网科技有限公司在 2010 年自主研发的一款 3D 角色扮演网游，此款游戏凭借流畅的操作和精细的用户体验，获得了爱拍游戏 2011 年"我最喜欢的游戏年度十佳榜奖"。游戏的故事背景以中华龙塔主题建筑为基础，采用东方文化题材，构建出一个玄幻的游戏世界。游戏设计灵、仙、神、人、鬼、魔、妖七大种族可供玩家选择，通过不同的角色体验挑战不同的战斗方式。在此款游戏中，嬉戏族尝试动漫游戏"虚实互动"的体验模式，设计了特定的嬉戏谷实地通关任务，需要玩家实地攀登征服动漫游戏的精神象征"中华龙塔"，经过象征一年 365 天的 365 级台阶的体力考验和八大美德的化身"八大骑士"精神上的感召和升华，才可以获取通关"密钥"，完成线上游戏的通关任务。《中华龙塔》游戏本身以其流畅的操作和炫酷的画面赢得了众多玩家的青睐，嬉戏谷亦借助了此款游戏的市场反应和快速的传播效应，获得了良好的营销效果。

线下平台嬉戏谷中与线上游戏"中华龙塔"相对应的就是嬉戏谷的地标性建筑"圣殿山"。圣殿山是嬉戏谷的中央之极，是嬉戏族所推崇的嬉戏精神的象征，而镇守嬉戏谷圣殿山的八大骑士则是嬉戏精神"八大美德"的象征，也是嬉戏精神的概括，这八大美德则是从中华民族的优秀品质中提炼和升华而来。所以，嬉戏谷在将圣殿山打造成中华龙塔游戏玩家的精神朝圣地的同时也借此宣扬了中华民族的优秀品质。

2. 从"西游无双"到"西游降魔"

《西游无双》是嬉戏族以大家耳熟能详的经典小说《西游记》为游戏框架，通过颠覆性的剧情渲染，以尖端技术引擎为手段将小说中人妖仙三界的恩怨纠葛一一展现。游戏开发采用国内顶级引擎技术，耗时 3 年，精心打造出了此款 3D 客户端游戏，让游戏玩家在身临其境的体验过程中再次重温民族经典的独特魅力，感受中华民族独特的文化底蕴，激发玩家的潜能，从中获得快乐。

嬉戏谷二期开放运营的"西游降魔"则是根据《西游无双》游戏中的经典场景和体验感受而开发建设的一款新型游乐设备，这套设备创造了多项国内的纪录，非常值得体验！

（二）搭建动漫游戏虚实结合的创意平台

2008 年，嬉戏谷确定了发展方向和实施规划后，以其独特的创意在业界引发了极大的震动，时任盛大网络公司总裁的唐骏先生对嬉戏谷的项目非常感兴趣。作为数字娱乐产业业内的权威人士，他很熟悉互联网动漫游戏产业发展规律和玩家需求，感觉到这里面蕴藏着巨大商机，于是他私人出资和嬉戏族集团合资成立了上海甲子创意产业投资有限公司，专门来论证这种虚实互动开发项目的可行性，并完善项目的设计规划，亲自出任嬉戏谷项目总顾问。

与盛大互联网的合作仅是一个开端，从那以后嬉戏谷广泛开展与知名动漫游戏品牌的战略合作，一期项目已与网易、光通、第九城市、淘米公司等多家知名的文化企业携手合作了摩尔庄园、游戏要塞等项目。在第二期项目中，嬉戏谷将动漫游戏主题继续深入挖掘，与游戏巨头"完美世界"联袂打造的华东超级"完美水世界"已经投入运营；与腾讯首度携手合作的线下儿童体验区"洛克王国"受到了小朋友们的追捧；还原秘境探险、神魔传说的"幻想森林"；将普罗旺斯的唯美浪漫空运过来的"太湖吧街"等都让游客备感亲切。

嬉戏谷坚定动漫游戏为主题的创意，实现线上线下平台虚实互动体验，线上平台是线下平台的文化支撑，线下平台是线上平台的实地体验空间，二者有机整合、相互促进。一方面，以自主原创作为支撑做大做强嬉戏族品牌的推动力；另一方面，广泛开展与其他知名动漫游戏品牌的合作，多角度丰富动漫游戏主题公园的文化内涵。以灵活的商业模式汇聚更多动漫游戏产业分散的力量，聚沙成塔、集腋成裘，聚力推进动漫游戏主题公园走向成熟模式的进程。

二、将虚拟照进现实的体现方式

进入太湖湾旅游度假区，穿过太湖湾广场，沿着清新自然的景观大道向前，一座与自然风光和谐相融的嬉戏谷呈现眼前。踏上嬉戏谷的梦幻广场就可以感受到独特的造型、明亮的色彩、律动的音乐、开阔的视野所带来的梦幻氛围。以金属打造的"嬉戏谷"大型球体标志，以360度的环形轨迹匀速运转，昭示着永恒延续的创新精神。入目便是雄伟高耸的"英雄门"，惟妙惟肖的"人"、"神"、"兽"浮雕气势威武，CC公主身量婀娜，张开双臂迎接八方来客，穿过宏伟的英雄门，嬉戏谷的奇幻之旅也就正式拉开了帷幕。

（一）散发快乐魔力的嬉戏游览

嬉戏谷园区占地约55万平方米，主要包括一期项目和二期项目两个主要游览区域。一期项目占地约34万平方米，内含丰富的动漫游戏娱乐体验项目，其中多个项目属全球首创。按照人、神、兽和综合服务四大主题，以精灵湖为中心，环湖分布，主要有英雄门、淘宝大街、摩尔庄园、传奇天下、星际传说、迷兽大陆、神秘岛、嬉戏族欢乐港和圣殿山九大主题文化体验区。

二期项目占地21万平方米，延续动漫游戏主题，集结了水域、魔法、森林等主题内容，运用大量互联网虚拟元素，使用国内外领先的娱乐设备，力求为游客带来更具震撼力的穿越体验。主要建设内容包括：与游戏巨头"完美世界"联袂打造的华东超级"完美水世界"，与腾讯首次线下合作的儿童魔法区域"洛克王国"线下实景体验区，结合线上动漫游戏自主开发的"历险封神榜"和"西游降魔"中国名著互动体验区，还有神魔生活的"幻想森林"，充满唯美风情的"嬉戏吧街"和动漫游戏文化衍生品主题吧街等区域。同时，园内还配套建有嬉戏谷国际电竞博览中心和嬉戏谷大剧院，以创新的完整产业链搭建成这座国际级动漫游戏文化体验博览园。

散发快乐魔力的嬉戏谷游乐设施、与精灵共舞的嬉戏谷演艺和锦上添花的游艺设备三个主要部分，共同营造出嬉戏谷游览时光的梦幻氛围。

1. 科技为快乐插上翱翔的翅膀

设备运营是嬉戏谷主题公园游览的基础，所以从初期的设备采购到后期的设备运营和维护都格外重要，嬉戏谷在经营管理中也注入了大量的心血。比如，在设备采购和开发方面，大胆而极具前瞻性地借力先进的科技为嬉戏谷的设备赋予生命力。

（1）撕裂星空。过山车通常是主题公园的镇园之宝，嬉戏谷将过山车设置在一期项目中星际传说主题区，结合动漫游戏的文化特征，将其命名为"撕裂星空"（如图 3-8 所示）。撕裂星空过山车轨道全长约 855 米，运行时最高时速约为每小时 88 千米，是当时亚洲最高、最快的飞行过山车，它集美观、惊险于一身，是速度与激情的绝佳诠释，是目前世界上翻转次数最多的飞行过山车，体验过程中会配以喷泉等互动景观，令游客在零重力的疯狂中体验超速飞行的快感。其特别之处在于过山车融入新科技手段的活动车架会将乘客的身体上摆至水平悬空位置，面朝大地，这是一种过山车体验的全新模式，在运行过程中让乘客感觉像雄鹰一样在翻转翱翔。嬉戏谷则将"撕裂星空"诠释为神族人之间隐藏着的穿越至其他恒星系统的魔法，更增加了此项目的神秘色彩。

图 3-8　撕裂星空过山车

（2）梦幻擎天。当时是世界上最大的 XD 飞行动感球幕影院，悬挂式动感座椅配合影片镜头的运动轨迹，可以让游客体验穿越游戏文化的精髓之所在，真切感受什么叫惊心动魄（如图 3-9 所示）。闯进诡异魔幻的迷兽世界，一道闪电，心神未定，仙鹤载你飞入蜀山仙境，领略中国的古典和武侠的玄幻；又陷星际战场，人族和神族战火雷鸣，震撼至极；飞越最终幻想，感受后现代科技和海上城市的宏大气势；最终落地嬉戏谷中华龙塔，炫丽的烟花、宏伟的中华龙塔……"梦幻擎天"带你穿越游戏世界中的经典圣地，由宇宙初始起程，穿越历史长廊，饱览游戏胜景，让游戏达人找回永恒的心灵归属。

（3）摩尔庄园。摩尔庄园是淘米公司专为中国 7~12 岁儿童设计的安全、健康、益智的虚拟互动社区网页游戏，目前注册人数已超过一亿七千万，是一款深受小朋友喜欢和家长信任的绿色游戏。而嬉戏谷则将它从"线上"移植到"线下"，把"虚拟"变成了"现实"（如图 3-10 所示）。嬉戏谷从游戏运营商淘米公司获得版权，浆果密道、蘑菇洞、淘淘乐街、摩尔城堡等都真实再现，

图 3-9　嬉戏谷梦幻擎天

图 3-10　嬉戏谷摩尔庄园

并自主开发了多款主题定制游戏。小朋友能实地体验，也能网上参与，现场还可以多人同时竞技，每次的过程、结果和奖励都不同。既突出了动漫游戏主题，又吸纳了成功主题乐园的精华。摩尔庄园区实地面积达一万多平方米，色彩绚丽缤纷，造型装饰活泼可爱，全实景的游戏场景，让小朋友化身成为小摩尔，亲身感受到小摩尔们多姿多彩的生活，一起玩各种有趣的游戏，探讨各种有趣的问题，是一个多彩缤纷奇趣的儿童胜地。

（4）魔神天途。这个项目充分利用现场实景、立体电影、现场特技、动感平台等技术，综合了巨幕、环幕 4D 电影、多自由度动感游览车、现场特技等多项高科技游乐技术，让游客在真实场景和银幕构成的立体虚景之间遨游穿梭，享受无穷的乐趣（如图 3-11 所示）。

图 3-11　嬉戏谷魔神天途

（5）游戏要塞。游戏要塞是全球最大的专业图形芯片公司 NVIDIA 设立的动漫游戏互动体验中心，是 NVIDIA 在全球第一个 3D 体验馆，占地面积约 600 平方米，可容纳 200 余人同时参观（如图 3-12 所示）。在这里您可以通过显示器与环境影像形成互动，在新奇刺激的穿梭体验中得到极大的视觉震撼。当然您还可以在此体验到最新的数字游戏技术，看到一些将在未来一两年内上市的数字电影片花，让您提前体验未知的惊喜。

像这种广泛应用科技的项目在嬉戏谷中不胜枚举，如果说动漫游戏是嬉戏谷的灵魂，那么科技则为之插上了飞翔的翅膀。

图 3-12　嬉戏谷游戏要塞

2. 奉献为演艺赋予全新的意义

目前嬉戏谷演艺部共有 35 名员工，他们担负着嬉戏谷各个区域全部的表演任务，每个人的演出日程都排得很满。当游客穿越都市的喧闹，想要寻找一个梦幻的天堂、一片承载着自由与奇幻的娱乐圣地，他们将用完美的演绎传递给游客浓浓的热情，将快乐的魔力散发到这个奇幻世界的每一个角落，感染着游客共同体验自由圣地的独特魅力。嬉戏谷的演出不仅传达了嬉戏谷的动漫游戏主题文化，丰富了嬉戏谷的主题文化内容，更为游客们的奇幻之旅增加了别样的感受。

目前嬉戏谷每天的演出有十几场，其中脱口秀《大话嬉戏》，通过囧囧狗与游客进行互动式的对话和表演，以囧囧独特的卡通造型、有趣的故事、大家耳熟能详的影片角色和游客互动等多种方式来讲述这只机械狗的生活。"囧囧"是 CC 公主的宠物，是一只外星活体机械狗，它伶牙俐齿，巧言善变，脸上有着神秘的胎记，长着一大一小闪烁的小眼睛和戴着标志性的红斜条纹领带。为了平衡外星体质在地球生活的不适，"囧囧"对叶绿素有着强烈的需求，是健康饮食的杰出代表。囧囧的大脑为生物计算机结构，智商高于普通人类 200 倍，热爱一切世俗元素，具备敏锐的八卦触觉和娱乐大众的国际主义精神。囧囧爱耍赖更爱耍宝，婆婆妈妈，神神道道，看见美女就两眼发直，囧囧有三个精灵小伙伴，他们一起快乐地生活在嬉戏谷中，为游客带来了许多欢声笑语。《大话嬉戏》捧红了"囧囧"这个形象，给游客带来了欢乐，而这背后却是演艺部员工的辛勤付出。

嬉戏谷开园数年来，囧囧狗表演是雷打不动的节目，即使是酷暑时节，囧囧的演员也都要穿着厚厚的演出服忍受着高温的难耐，与游客互动，为游客指路，把欢乐送给每一位游客。然而当他们结束表演，回到更衣室，留给自己的却是一身的疲惫。比如，囧囧狗的演员每次表演完都会汗流浃背，但是他却没有丝毫抱怨，他说："小朋友离得很远，看到我之后就会跑过来跟我拥抱；还有很多年轻人，走过来跟我击掌，或许给我一拳，大家跟家人一样，让我心里感觉很温暖。

他们能快乐我就很开心，因为毕竟我做的就是要让他们快乐！只要他们开心，我做的一切都值得了！"正是这些演员无怨无悔的付出、对嬉戏精神的坚守，才将他们所承载的快乐魔力传递给游客，让游客在梦幻的空间得以与精灵共舞。

3. 挑战让碎片时间充满激情

在嬉戏谷内除了游乐设备之外还有一些小型的游艺设备，这些游艺设备也是主题公园不可或缺的一部分，园内的游艺设备充分运用了机械、电、光、声、水、力等先进技术，集知识性、趣味性、科学性、惊险性于一体，深受广大青少年、儿童的普遍喜爱。很好地填充了游客碎片化的时间，对于游客在公园的游览起到了锦上添花的作用。

（二）厨神百味，欲罢不能的嬉戏餐饮

目前，我国大部分景区的餐饮都是个难题，从某种程度上景区餐饮的质量决定着景区的服务质量和水平，同时餐饮也是景区二次消费中非常重要的一部分，所以开发出符合景区文化特色的、受游客喜欢的餐饮产品是嬉戏谷必须攻克的难题。景区的高层管理者给予了足够的重视，特意聘请了名誉长三角餐饮业的"厨神"杨青先生来负责景区的餐饮开发和管理工作。餐饮管理团队凭借多年的餐饮从业经验结合嬉戏谷的文化主题和太湖湾本地食材特色，开发出了备受游客喜爱的嬉戏谷餐饮产品，并总结了一套主题公园的餐饮管理方法。

1. 餐厅选址配合游览节奏

嬉戏谷内一共有八个各具特色的餐厅，每一个餐厅的地点选取都充分考虑了游客在公园内的游览节奏和具体需求。比如，在淘宝大街尽头的右面就是"达人尚座"餐厅，这里通常是团队游客集合、等候的区域，是游览的一个节点和休息点。餐厅从游客需求角度出发，将其设计为"多功能餐厅"，可以接待大型旅游团队，还可以满足商务接待的需求，另外特色的卡通套餐则专为小朋友设计；从空间分布角度来看，"达人尚坐"餐厅分上下两层，一层接待散客，二层接待商务和团队游客，可以同时容纳六十人用餐，增加了游客在嬉戏谷游玩的弹性和便捷度。达人尚座餐厅精心的空间布局和功能设计实现了游客商务洽谈、休闲旅游、新奇体验一站式解决。

2.别出心裁的互动体验

以亲子为目的的家庭出游游客是主题公园的重要客群,为了满足小朋友们边吃边玩儿的天性,嬉戏谷的摩尔开心大厨餐厅设计独具匠心。在选址方面,摩尔开心大厨位于小朋友们最喜欢的摩尔庄园主题区内;在设施方面,用餐区设有28平方米左右的儿童重力游戏区,满足小朋友好玩的天性。值得称道的是,餐厅的设计与园内游乐设备庄园小火车相融合,当小火车从餐厅穿越而过时,会引得用餐的"小摩尔"们与乘坐游乐设备的小同伴招手互动,拥有完全不同的用餐体验。

图 3-13　摩尔庄园餐厅内景

3. 细节突出文化品位

嬉戏谷餐厅建筑风格依据餐厅所在区域的文化主题特色进行建设和设计，针对所在区域的动漫游戏主题风格而研制开发的特色菜品，所以，有些特色的嬉戏谷餐饮只能在指定的餐厅中才能品尝得到，游客不仅能吃得好，而且还会觉得吃得开心，吃得"好玩"。

比如，位于嬉戏谷迷兽大陆区幽冥洞穴的明星餐厅"WOH"主题餐厅，以互联网游戏中特色鲜明的魔幻文化为主题，将魔幻文化渗入餐厅的装饰和餐点设计的细节把游戏中的魔幻情景感渲染十足。在装饰方面，用钢筋水泥雕砌出洞穴感，手工雕塑的各类精灵和女神栩栩如生；在餐点上，新颖独到、狂野不羁，与餐厅的主题特色融为一体，像很受游客欢迎的"狂欢派对"、餐厅定制的餐后甜品"囧囧狗冰激凌"和"囧囧狗饼干"、"恶魔手指麻糕"等都极具创意与视觉感，呼应了迷兽大陆主题区的魔幻氛围。这些极具创意的餐点使游客既能体验强烈的视觉冲击，又能品尝美食的美味，真的是一种难忘的经历（如图 3-14 所示）。

4. 彰显本地食材特色

品尝各地美食特色往往是旅行中不可或缺的一部分，针对来自五湖四海游客的口味差别，嬉戏谷的菜品开发充分利用本地食材。比如，嬉戏饺子馆推出的银鱼馄饨，利用太湖湾的地理位置优势，精选太湖的独有食材银鱼，针对游客的口味结合长期的游客评价而开发的。还有坐落在传奇天下主题区的面面俱到餐厅主营的常州特色银丝面，采用面细如丝，色白似银，柔软滑爽，有韧性，下锅不糊的银丝面，配上用猪大骨、鸡架等慢火熬制而成的美味面汤而成，汲取了常州银丝面的特色，味道极致鲜美。

5. 安全把控带给游客百分百安心

民以食为天，食以安为先。食品安全历来是嬉戏谷餐饮管理的重中之重，从食材来源的资质控制、食品的加工操作过程标准化、剩余和销售不良食品的封存和报损处理、卫生和质量的监督检查等方面把关。公园的餐饮管理部门严格按照国家食品安全管理制度和地方的食品卫生管理条例的标准制定了严格的制度和把控措施，为游客的安全提供了可靠的保障，被常州市卫生防疫站设为食品卫生免检单位。

图 3-14　嬉戏谷主题餐厅特色食品

（三）嬉戏商品玩转你的视觉

　　旅游商品承载了满足旅游者购物需求和传播旅游地形象的双重价值，一件精美的旅游商品能激发旅游者的美好回忆，然而一直以来自主研发的旅游商品都是中国旅游行业的短板。为了能够给来嬉戏谷来访的勇士们奉上精美、实用、物有所值的旅游商品，嬉戏族人真可谓煞费苦心，做出了巨大的努力和奉献。从一开始就全力设计开发嬉戏谷自有品牌的衍生品、纪念品、DIY 饰品等，确定了以"剑"和"面具"为主，公园相关元素为辅助的衍生品开发方向（如图 3-15、3-16 所示）。

　　嬉戏谷目前旅游商品的品种依托嬉戏谷的剑文化、面具文化开创了倾城剑和飞士堂两大主题特色商店。同时为了将动漫游戏主题打造得更加丰富多样，嬉戏谷在公园的淘宝大街集聚了"变形金刚"、"海绵宝宝"、"Hello Kitty"、"迪

图 3-15　嬉戏谷自有品牌旅游商品

图 3-16　嬉戏谷面具文化

士尼"、"哆啦 A 梦"、"Snoopy"、"泰迪熊"、"几米"、"悠嘻猴"、"蒙奇奇"等多家世界知名的商品，打造了一个尊重知识产权的动漫游戏旅游商品的空间销售平台（如图 3-17，图 3-18，图 3-19 所示）。

　　与此同时，嬉戏谷坚持原创开发，自主开发商品数量千余种，随着公园二期的开放和新的公园主题内容的推广，集团正在致力于推广和研发嬉戏谷的自有品牌"囧囧狗"系列商品，根据嬉戏谷自主原创的动漫游戏形象做好衍生品这篇文章。除了丰富动漫元素之外，嬉戏谷的旅游产品开发也越来越侧重于体验性、互动性和功能性，比如，正在研发的 CC 公主手杖，就是一款体验性和互动性很强的商品，嬉戏谷会为此款商品特设魔法之门，持有手杖的游客可以用手杖打开这扇奇特的大门，这种游客主动参与的体验性旅游商品增加了趣味性和互动性，也加深了游客对嬉戏谷动漫游戏文化品牌的印象（如图 3-20 所示）。

图 3-17　嬉戏谷动漫商品之书包类

图 3-18　嬉戏动漫商品之糖果类

图 3-19　嬉戏谷动漫商品之玩偶类

图 3-20　嬉戏谷自主开发旅游商品

（四）住在嬉戏谷的梦幻时光

中国正在经历着从观光游览方式向休闲度假游览方式的转变，在这一过程的转化中，解决住宿的问题是改变游览方式的重要因素之一，嬉戏谷针对游客的喜好和消费能力认真分析客群特点。针对目前公园主要的青少年团队游客设置了国际青年旅舍，而对于家庭出游的散客群体则借力维景酒店以满足游客更多的需求。未来随着游客消费需求的演变和发展，嬉戏谷正考虑着如何将现有的旅游产品与其他产业更深的融合和发展，将创意农业、文化创意产业、体育等产业中的多维元素融入嬉戏谷的旅游产品中，从而使游客更好地享受在嬉戏谷度过的梦幻时光（如图 3-21 所示）。

1. 嬉戏谷国际青年旅舍

嬉戏谷国际青年旅舍拥有格调高雅的客房 149 间，内饰豪华、配备时尚，奇幻景致尽收眼底。远离城市喧嚣，坐爱自然山色，尽享醉人长夜，品味美好生活。客房特色房有：亲子房、背包房、无障碍房、高级套房等，设施设备都以三星级标准建造。客房价格合理，干净卫生，舒适便捷。客房配套设施齐全，免费停车场、自动取款机、电梯等一应俱全。客房内免费洗漱用品齐全，提供免费瓶装水、免费无线互联网、配备独立卫生间和阳台等，很好地满足了青少年团队游客的住宿需求。

2. 木屋别墅（云中部落度假村和嬉戏谷维景国际大酒店）

嬉戏谷的木屋别墅项目坐落在距离太湖畔仅 5 公里的嬉戏谷山坡上，在木屋里既可以鸟瞰嬉戏谷全貌感受快乐的气氛，还可以坐享嬉戏谷冬暖夏凉宜人的气候，真可谓动静两相宜。此项目则是为了满足高端休闲游客的需求而建，随着项目的发展和深入开发将会融入更多的其他产业因素在其中，是嬉戏谷顺应休闲度假旅游市场的战略项目之一（如图 3-22 所示）。

图 3-21　云中部落树屋之大王、小王实景图

图 3-22　云中部落树屋别墅实景图

第三节 "三力"齐发助推游戏化开发
模式逐步成型

　　嬉戏谷作为国内唯一一座虚实互动、体验型数字娱乐动漫游戏主题公园，自 2011 年"五一"开园以来，以"勇闯动漫奇幻世界"的鲜明品牌感召力一炮打响长三角，成为国内知名的文化旅游品牌。嬉戏谷开业 22 个月，累计接待游客超过 350 万人次，实现旅游营收近 5 亿元。根据营收分析，游客门票支出与园内二次消费支出的比例约为 7：3，在全国同行业中二次消费比例名列前茅，证明了嬉戏谷游戏化产品开发模式所取得的成绩。助推游戏化产品开发模式逐步成型的原动力是创新，保持嬉戏谷活力永驻的秘诀是文化的凝聚力，而高标准、严执行的园区规划则为嬉戏谷旅游产品开发的落地提供了有力的保障。

一、创新是原动力

　　"创新"是嬉戏族的核心价值观之一，从嬉戏谷筹建开始时至今日从未停止过创新的脚步，游戏化旅游产品开发主要从模式创新、内容创新、科技创新、文化创新四方面形成了创新的原动力。

　　嬉戏谷的模式创新之处在于打破依托自然山水旅游资源和传统人文旅游资源的开发模式，在国内同行业陷入同质化而后劲不足的情况下，嬉戏谷积极创新，将动漫游戏文化元素注入旅游业，实现数字文化和旅游产业间的跨界融合，打造出极具竞争力的精品。嬉戏谷走差异化产品开发谋求发展的道路，填补了长三角乃至全国范围内旅游产品的空白，成为突破传统旅游产品开发模式的点睛力作。在产品内容上，嬉戏谷广泛提炼全球优秀动漫游戏的元素及风格特征，消化吸收后再创新，形成了具有自主知识产权的系列产品项目，全面强化资源集聚和自主创新，做到产品多样性和自主原创的兼顾。科技创新历来都是推动社会生产力向前发展的主要动力，嬉戏谷许多项目都采用了现代最新的数字娱乐科技及互动技术，为大众打造一个虚拟与现实相融合的动漫欢乐世界。在文化创新方面，嬉戏谷提炼了全球优秀动漫游戏中的文化风格和特征，实现了动漫游戏文化和旅游产品开发的融合。

二、文化是凝聚力

　　文化内涵是旅游产品的灵魂，也是整个旅游产品体系的精髓。对于动漫游戏主题公园的旅游产品开发而言，往往没有一定的实物资源作为依托，其主题产品的文化内涵只是存在于虚拟世界中的一种理念。嬉戏谷以国际化的视野，吸纳全球优秀动漫游戏要素，提炼出"人"、"神"、"兽"三大动漫游戏永恒主题，同时积极与全球知名品牌联手集聚力量迸发新灵感，创作出具有嬉戏谷特征的动漫游戏形象元素。在这些元素恰当运用的基础上，做到将文化内涵外化到产品上，开发出了具有体验性、参与性、娱乐性等特性的主题公园支撑产品，符合体验经济时代下游客对旅游产品的需求。嬉戏谷在动漫游戏文化内涵的表现形式和内容上都有所创新、赋予其打上嬉戏谷烙印的创意，而并非简单地复制某一款游戏的场景和动漫形象，这不仅消解了可能出现的版权纠纷，更使产品项目具备了长久的生命力，这种具有延续性的生命力所散发的活力和魔力激发了人类"嬉戏"的本性，成为一种凝聚所有追求快乐人们的力量。

三、规划是保障力

主题公园的旅游产品开发要将主题创意融入并转化为产品，按照满足游客消费需求的标准融合多维元素、形成多元产品的链条。嬉戏谷在规划和设计园区空间的安排与布局上既保证足够的信息刺激，又重视游览节奏高潮的安排与充分的情节积累空间，在线路设计、项目设置上将可能满足游人需求的各要素主题公园产品排列组合，在游览的紧张及舒缓程度上作充分的考量，有效地打破时空等主客观条件的限制，创造出一种舞台化的梦幻氛围。而高科技手段的运用令游客的英雄梦想和冒险欲望得以达成，获得强烈的震撼和深刻的体验感，从而使游客愿意尽可能久地留在园内，从旅游产品的体验中获得比较持久的欢乐感。

然而再好的旅游产品没有有效的推广和营销，也发挥不了其所承载的价值，嬉戏谷结合其产品的特性，深挖动漫游戏的文化内涵，在营销和推广方面也有其独到之处。

第四章　互联网营销推广

截至 2015 年底，嬉戏谷已接待游客超 800 万人次。随着后续规划与实施，嬉戏谷将实现从主题公园到主题商贸、文化传媒、互联网科技、影视科技等领域的多元化跨越式发展。作为中国唯一的动漫游戏主题公园，它如何搭上"互联网+"的快车，借用当前以及未来互联网新媒体，尤其是动漫游戏产业的发展，成为主题公园的又一新标杆？营销攻略及推广策略是关键。嬉戏谷将如何做好主题公园的营销与推广吸引游客？它的制胜宝典及套路又是怎样的呢？带着一系列疑问，我们大步走进嬉戏谷进行探寻，随着调查、访谈、资料收集等的逐步深入，渐渐地揭开它的神秘面纱。

图 4-1　嬉戏魔法乐园营销

第一节　精细化的市场定位

正确地选择目标市场，明确企业特定的服务对象，是企业制定营销战略的首要内容和基本出发点。市场细分是企业选择目标市场的基础和前提。嬉戏谷通过细分市场、阶段性促销、适时适事入园等政策，与产品线进行组合，充分发挥经销商的长处挖掘各类客户群，极力减少市场空白，促进旅行社终端收客积极性和组团的便利性，不断提升嬉戏谷客流量。

一、精确细分市场

首先，重点突出，嬉戏谷紧紧围绕"拿下苏锡常，抢占沪宁杭"的重点宣传布局。在巩固和加深"苏锡常"已有的品牌市场影响力和美誉度的基础上，嬉戏谷优化调整媒体策略及投放计划，重点调研上海、浙江两地的游客特征、市场特性等，并进行重点的、有针对性的精准营销，启动上海、浙江市场。

其次，细分市场，分解指标落实到人。立足沪宁杭，面向长三角，精准定位目标人群，细分为旅行社、电子票务和异业合作三大市场渠道，其中旅行社渠道又分为苏南、南京、上海、浙江、苏北、安徽六大片区。在细分市场的基础上进行指标分解，落实到人，分工协作，相互配合，确保了团队游客人数。

二、定位受众群体

嬉戏谷将其受众群体定位为以下四类人群：①追求刺激、不按常理出牌，10~29岁，不超过35岁的乐活潮人；②收入稳定、以事业家庭为主的家庭类人群；③热爱游戏，独有特色，青春激昂的Coser；④追求生活品质、享受生活、追逐品位的白领人群（如图4-2所示）。

嬉戏谷将受众群体锁定为以常州市为中心，以紧邻的苏州市、无锡市、南京市以及周边的上海市、江浙两省、安徽省为半径的区域范围，并不断扩张其版图。嬉戏谷将在巩固和加深长三角已有的品牌市场影响力和美誉度的基础上，对华东其他地区进行精准营销宣传，扩大其品牌的知名度与影响力。

图4-2　游人如织的嬉戏谷

第二节 尖端化的营销理念

一、4P 至 4I 的理念演变

面对不断变化、越来越成熟的市场和越来越精明的消费者，嬉戏谷自身的营销理念为顺应市场发生了一系列的变化。嬉戏谷整合了各种典型的营销理念，经历了从以满足市场需求为目标的 4P 理论至以追求顾客满意为目标的 4C 理论，到以建立顾客忠诚为目标的 4R 理论，直至互联网环境下的 4I 理论的演变与融合创新过程。

图 4-3 4P-4I 理念演变

二、产品为王、服务至上的营销基础

市场如战场，没有永远的冠军，只有永远的变革和创新。产品为王、服务至上的时代已经到来，嬉戏谷相信品牌力量的终极体现一定是在好产品和极致的服务体验上。

（一）好产品开拓市场

大数据时代，话语权从商家转变至消费者，消费者的购买决定和消费方式已经发生了深刻的变化。只有把握住消费者的需求，针对消费者需求提供产品才能立于不败之地。产品就是战略，过去的产品观点是站在生产角度的产品，现在的产品导向是站在消费者、用户角度的产品。站在用户的角度来说，好产品胜过好渠道。开放、互动、即时的互联网环境，倒逼企业必须真正做到以"用户为中心，做好产品"才能赢得市场。好产品已经成为黏住用户的核心利器，由此带来的用户体验及口碑传播会直接凸显企业的商业价值。借助好产品在消费者中树立的口碑影响，通过互联网用户的分享传播，不断扩大影响力、扩大销售市场。

（二）优质服务促营销

当前市场的竞争越来越激烈，越来越残酷。尤其是新型服务业，丧失了客户就失去了生存的基础，所以给客户提供卓越而周到的服务是企业发展的重要策略，企业必须重视客户服务。服务可以创造利润、赢得市场。嬉戏谷不仅注重产品，更注重服务——取得顾客的价值确认是营销服务成功的关键。嬉戏谷从创新服务模式入手，一是嬉戏谷加强园区体验项目的提升和优化，以及公共设施的改造和提升。二是完善嬉戏谷线上线下虚实互动游玩任务系统，增强游客的参与性体验，为游客提供游前、游中、游后的贴心服务，以提升服务水平为目的，以提高游客满意度为切入点，努力为消费者打造一流的服务体系。

三、积极创新的营销策略

在信息科学技术高速发展的 21 世纪，消费方式发生了巨大的变化，现代市场行情变得更为错综复杂，市场竞争异常激烈。任何企业要想成功进入、占领、巩固和扩展市场，采用正确的营销策略显得尤为重要。嬉戏谷的营销魔法就是因时制宜、因地制宜制定的营销策略。

（一）对接政府争取政策资金支持

嬉戏谷在 2011 年度项目累计获得国家、省、市、区各级服务业、文化、体育、旅游产业等各扶持资金近 8000 万元。另外，嬉戏谷还得到了国家部委和国外团体的高度关注和大力支持，众多部门和机构纷纷在此设立基地和体验中心。

（二）创新变革渠道合作模式

创新力是企业发展的核心竞争力，嬉戏谷通过创新变革渠道模式，充分发挥各渠道优势，不断提升嬉戏谷客流量。

一是将渠道年度签约组团门票收入和客流量同时作为签约指标，变革创新与经销商合作模式，积极筹划各类大小节庆主题活动和品牌推广，有节做节、无节造节，进一步提升客流量，不断开拓潜在的客源市场。

二是变革创新渠道投放策略，努力做到精准投放，通过异业合作、新媒体等扩大影响力，提升客流量。

三是整合资源做好嬉戏谷休闲旅游产品的开发推广，整合嬉戏谷周边旅游资源，完善与丰富旅游产品和服务体系，建立以嬉戏谷为龙头的旅游产品综合体，放大旅游半径，发挥联动效应，做大规模，以点带面，做强品牌，共赢发展。

四是认真做好"景点＋酒店"等网络电商打包产品的销售推广工作，如入住嬉戏谷维景酒店可以二次入园游玩体验。

五是充分利用APP、微信、微博等新媒体，及时捕捉手持端支付、新媒体传播、交互营销等趋势，加强掌上嬉戏的宣传推广力度，推进智慧景区标准化建设，使游客获得多层次、多维度的游玩体验。如嬉戏谷推出的微信预约排队系统，游客反映较好（如图4-4所示）。

图4-4　嬉戏谷迎来四面八方的游客

第三节　多元化的营销手段

嬉戏谷采取线上线下通吃，不放过任何一个死角，利用各种手段来进行宣传推广，努力扩大自身知名度和影响力。

一、传统营销

传统营销是一种交易营销，强调将尽可能多的产品和服务提供给尽可能多的顾客。消费者在消费过程中有很强的交流性，可以看到现实的产品并体验购物的休闲乐趣，同时也取得了大众的信赖。

（一）终端广告营销

终端广告营销是当前各产业应用最广、时间最长、最为人所熟知的营销模式和手段。

开园初期，嬉戏谷通过报纸、杂志软文，加强对民众的品牌宣传推广。先后在省级报刊发文2篇，地方报纸杂志10余篇，如2010年，嬉戏谷先后在《现代快报》、《扬子晚报》省级报刊刊发了新闻软文2篇，《常州日报》系列报道3篇，《常州晚报》系列报道10余篇，《武进日报》系列报道3篇，《家用电脑与游戏》杂志专题报道1篇，以及其他的相关领导考察、会议组织、项目进展报道20余篇。其中，在《人民日报》头版刊发题为"无限风光在创新"的文章；在《人民政协报》刊发"嬉戏谷，让动漫来得更猛烈些吧"的专题报道；在《新华日报》刊发"嬉戏谷，创造中国文化神奇"专题报道等。积极组织转载报道，极大地提高了民众对嬉戏谷的认知度。

（二）节事、公益创意营销

策划创新是一个主题乐园立足市场的重要因素，开展系列化的大型体验性活动是取得市场制胜的法宝，并以此培育市场卖点、消费热点和利润增长点。

活动策划、活动设计是主题公园动态旅游产品的重要组成部分，也是有效的营销方式。一般有主题节事活动、表演性活动和参与性活动三类。主题公园通过拥有的大量微缩景点，结合该景点所在地的民俗轮流推出新的活动，加上参与性活动的趣味营销手段，更突出立体效果，多层次、全方位地营造欢乐轻松的现场气氛。

1. 丰富多样的节事活动

嬉戏谷在活动策划和创意营销方面下足了功夫，通过园区特色鲜明的主题活动，并根据不同主题效果进行美陈布置，烘托气氛，使游客更加清晰地体会到当季的主题氛围，有力提升景区的人气。

（1）重大节事——开园庆典活动、周年庆活动。备受瞩目的环球动漫嬉戏谷，开园时在气派的"梦幻广场"举行了隆重的开园庆典，并有三大重量级头衔成功落户嬉戏谷。当日，全国政协副主席和各级省市领导出席了庆典仪式，逾 2000 名嘉宾共同见证了历经数载、倾力打造的国际动漫游戏体验博览园的正式诞生。盛典当日颁发了包括"全国电子竞技运动基地"在内的三个重量级证书和铭牌，宣告我国动漫游戏自主原创的"嬉戏时代"由此开启。而契合嬉戏谷主题特色的节目表演，将动漫元素与古典民乐、踢踏舞艺术相结合，为现场嘉宾带来了耳目一新的视听盛宴。

每年的周年庆活动精彩不断，"五一"假期是嬉戏谷最特别、最隆重的日子。2011 年千人 Cosplay 集结的壮观之举创下了吉尼斯世界纪录；2012 年嬉戏谷的"周岁生日"，游客入园享受三大特权，"世界 COS 日"在此华丽诞生，海量红包普天同庆，人气女星苍井空亲临现场，引爆五一小长假；2013 年嬉戏谷 2 周年庆典，特邀新加坡双胞胎人气明星 By2 亲临现场助阵，让游客以及粉丝不仅能听到《爱丫爱丫》、《不够成熟》等一系列脍炙人口的曲目，聆听她们甜美的声音，更有机会与这对姐妹花零距离接触。此外，在对一贯的 Cos 主题的延续和创新上，嬉戏谷在2周年庆典当天还邀请了ChinaJoy华东赛区人气团队进行精彩的现场表演。而最夺人眼球的是，现场还有数十只精心装扮的或萌、或可爱、或搞怪的宠物狗出现，它们共同演绎了一场特殊的扮装舞台秀（如图 4-5 所示）。2014 年嬉戏谷辉煌 3 周年，五一假期五大福利回报游客，阳光型男、偶像歌手袁成杰声动嬉戏谷，诸多重量级体验项目，让每一位游客都心动不已。2015 年的五一更特别，4 周年庆华彩绽放，嬉戏谷首次在"五一"期间盛情开放夜公园，邀请了中国好声音、中国好舞蹈、中国好歌曲的人气偶像学员亲临现场助阵，为游客们呈现了一场空前的视听游玩盛宴，开启奇幻的神秘之旅（如图 4-6 所示）。高大上的国际缤纷秀也让游客们大饱眼福，欧美 5 人乐队、超模走秀、水晶球表演、白人桑巴舞、火把秀和灯光秀……精彩的演绎一个接一个，一切都让这场盛宴变得与众不同！游客们在嬉戏谷享受畅玩的乐趣，观看各类精彩的现场 Show，因为夜公园的开放，大家在夜色下尽情狂欢，与喜欢的偶像近距离互动，尽享狂欢盛典，玩出高大上！

图 4-5　嬉戏谷 2 周年庆典

图 4-6　嬉戏谷 4 周年庆典

（2）特殊节事——系列主题活动。针对不同的人群，推出不同的主题活动，专为年轻人打造创意活动，分为恋爱季、变身季、放肆季、幻想季四个不同主题来进行，分别契合了年初情人节、五一周年庆暨世界 Cos 日、暑期夜公园放肆玩、十一黄金周奇幻穿越的主题内容，并凭借"嬉戏谷·变身季"营销策略斩获广告界奥斯卡之称的"艾菲实效奖"旅游景点类铜奖，成为国内唯一获得该奖项的旅游景点企业。嬉戏谷 2012 年"情侣季"，盛倡"恩爱有价"、2013 年"私奔季"两波情意浓浓的主题促销活动，已在年轻群体中引起了广泛的好评和热议。2014年，嬉戏谷乘着暖暖的春意，再次盛大打造"我们约票吧"恋爱季主题活动，2015 年嬉戏恋爱季，推出网络流行词，壁咚一下，你的门票就被我承包啦，更是火到爆表！（如图 4-7 所示）

图 4-7　嬉戏谷 2015 年嬉戏恋爱季活动

　　面对小朋友、青少年学生,丰富多彩的亲子活动是一大亮点,如我和孩子的"儿童节"、"动漫风筝表演"等。一个标新立异、前所未见的"儿童节"完美亮相嬉戏谷,还盛情邀请了常州风筝协会的相关人员参与别具一格的"动漫风筝秀"现场表演,可以看到小新、柯南、威震天等各色备受喜爱的动漫角色的风筝在空中漫天飞舞,幻化为太湖湾最闪亮的流动风景。嬉戏谷与淘米联手打造了为期一周的"摩尔明星见面大巡游"活动,以真人扮演的形式活灵活现地进行零距离展示和互动。线下广受孩子喜爱的赛尔号战神联盟也降临嬉戏谷,为孩子们送上巨大的惊喜与喜悦。2015 年嬉戏谷以"萌动中国"为主题的十月动漫季,通过游艺、展览、影片展映、COSPLAY 快闪擂台、明星见面会、互动参与、周边等形式多元的活动,为大家带来了嬉戏谷游园项目 + 动漫游戏生活体验大礼包。

针对社区市民，嬉戏谷以"感恩回报"为主题，针对常州新市民的"一张门票两人畅游"活动，"两人一票"即可畅游奇幻世界，嬉戏谷市民回报活动颇受青睐，不到一周时间吸引大批本地市民前往。

（3）标志性节事——元旦新春至元宵活动、全国电子竞技大赛总决赛、电子音乐节。在元旦新春之际，嬉戏谷隆重推出动漫"大"明星齐聚嬉戏谷，跨年迎新总动员活动，喜庆十足的"跨年迎新"成为嬉戏谷的主旋律，为游客来一场浩浩荡荡的集体大拜年。嬉戏谷专为少年儿童量身打造了一台"春节动漫嘉年华"主题活动，不但可以体验科技项目、观看动漫演出，还可与动漫明星玩偶零距离互动，嬉戏谷已经成为一个春节期间少年儿童不可不去的好地方。少年儿童将在此得到无比快乐的体验。

"龙腾"嬉戏谷，"动漫"闹元宵，人们欢庆的劲头儿要延续到元宵节才算尽兴。嬉戏谷将动漫联展活动的热力延续到元宵节，这些风靡全球、家喻户晓的中外卡通明星们将继续为游客呈献欢乐祥和的祝福，再配以园内形式华丽多变、美轮美奂的动漫真人秀表演，给意犹未尽的人们带去精彩绝伦的"动漫元宵"饕餮盛宴。

常州环球动漫嬉戏谷"动漫会展博览中心"是中国第一个由国家体育总局信息中心正式授权建设的"中国电子竞技运动基地"，2011 年 12 月 25 日，全国电子竞技大赛暨 CCJOY 大学生电子竞技大赛总决赛于嬉戏谷中的全国电子竞技运动基地举行（如图 4-8 所示）。该项赛事历经跨度 6 个月，共经历了华北赛区、华东赛区、华中赛区、华南赛区、西南赛区、西北赛区、东北赛区七大赛区，覆盖 45 座城市，500 个线下赛点、5 万名电竞玩家积极参与，这是我国近年来规模最大的一次国家级电子竞技赛事，对中国的广大电竞爱好者和游戏迷而言，这一天不只是圣诞节！超百家媒体的竞相报道，超过 1 亿年轻数字受众密切关注、津津乐道。

图 4-8　2011 年全国电子竞技大赛暨 CCJOY 大学生电子竞技大赛

　　2011 年 10 月，嬉戏谷首届太湖电子音乐节成功举办，其将风靡欧美的电子音乐文化及万人电音派对模式首次引入国内，将高规格的大型户外电子音乐节与太湖自然山水相呼应，以创造年轻人新的生活方式为主题，以科技与艺术的巅峰创作，电子与现实重叠的时空幻影，鬼魅神奇的人间仙境，呈现给受众一个面向未来的时空假日。通过两届的成功举办，太湖电子音乐节，已成为长三角独树一帜的特色音乐娱乐品牌，并逐渐成为江苏省最具影响力和知名度的音乐大作。由嬉戏谷与乐视网联合主办、诺亚方舟集团鼎力支持、以"生命与爱"为故事主线的"第三届太湖电子音乐节"在嬉戏谷震撼上演，狂 high 中，传递"生命与爱"

正能量，从远古时代生命的起源到现代人所面对的悲欢离合，在为众多游客呈现一场超 high 的音乐盛会的同时，更传递出一种坚韧的力量与积极的人生态度。第五届嬉戏谷太湖电子音乐节华丽上演！此次音乐节恰逢"花都水城，浪漫武进"旅游节的及常州旅游节开幕，此次活动邀请了江浙沪旅游系统领导，常州市领导及相关部门领导；武进区四套班子领导；长三角及周边城市媒体、旅行社等众多嘉宾。在来自环球动漫嬉戏谷和春秋淹城的开场演出中，"2015 激情之夏·常州旅游节"、"第五届太湖电子音乐节"正式拉开了序幕（如图 4-7 所示）。

据相关调研机构数据报告，通过系列主题活动，嬉戏谷的品牌认知度、偏好度及美誉度得到了显著提升，游客量较之前得到显著提升。另外，"拓展季"、"双火节"、嬉戏谷杯儿童 COSPLAY 创意大赛、嬉戏谷携手承办的"微度假，美在太湖湾"摄影、冠名周杰伦常州演唱会、赞助电影《金色记忆》、"雪

图 4-9 第五届太湖电子音乐节

碧音碰音林俊杰见面会"以及纵贯整个暑期的"太湖电音节",全国啦啦操总决赛、参加江苏文化产业交易博览会、上海国际旅交会等活动,进一步宣传、推广了嬉戏谷的品牌、产品,提升了景区游客接待量,尤其是海外游客接待人数。

2. 异业合作联盟

异业联盟是一种低成本的营销方式,从营销策略上分析主要包括:品牌推广——通过活动提升品牌形象;销售推广——通过活动提升销售规模;品牌与销售双向推广——通过活动达到提升品牌与销售的双效结果。异业联盟、跨界合作是嬉戏谷特色的营销模式之一,与科研、网游、金融等行业合作联盟化,给嬉戏谷带来新生机。

嬉戏谷结合自身与网游公司、大中院校联盟合作,与网游公司开展媒体(活动)将资源进行互换和共享,精准锁定网游迷;在大中院校中开展如大篷车展演的活动推广、年卡代理、团队游组织活动。在各大门户网站开展媒体推广合作、搜索门户参与关键词搜索竞价排名、在游戏网发布植入式广告推广互动活动、在论坛视频交友等网站进行口碑营销视频分享营销等。与动漫企业采用植入式的媒介推广策略进行长远品牌嫁接式的合作,共享客户资源。嬉戏谷与腾讯携手合作首个洛克王国线下儿童体验区。《洛克王国》是由腾讯公司研发的一款在线绿色社区网页游戏,于 2010 年发行。社区以魔法王国为主题,小朋友可以在里面体验趣味小游戏,学习丰富的百科知识,还可以和其他小朋友一起交流玩耍。互助、欢乐、绿色是社区的主题。与游戏巨头"完美世界"联袂打造了华东超级"完美水世界"。与淘米网合作,以线上摩尔庄园为背景素材,将游戏场景落地还原,开创线上线下全新的游玩体验。与通信、银行等大企业客户通过联名发卡、直接接受企业订单、互动活动等展开合作。

嬉戏谷以组织策划"CC 公主海选"、"嬉戏宝贝选秀"以及园区开业主题活动为主线，结合事件营销、渠道建设、战略合作等方式，依靠嬉戏谷自身"虚实互动"的商业特色、异业合作优势以及"国家电子竞技中心和国家数字娱乐产业示范基地"的影响力，扩大了嬉戏谷在民众中的影响力，并吸引了业内大量的关注眼球，在社会上提高了知名度和美誉度。

（三）互利双赢的线下旅行社合作

嬉戏谷与组团社强强联手，建立牢固的合作关系，以市场部为龙头，每个城市选择三到五家有品牌和实力的旅行社企业作为重点推广合作对象，以点带面向周边城市辐射，重点做好长三角地区旅游团体的宣传推广工作，加快嬉戏谷市场占领速度，提高市场占有率，力争实现游客接待量达到预定目标人次，实现嬉戏谷年卡销售 20 万张的目标。

二、互联网营销

互联网营销也称为网络营销，就是以国际互联网络为基础，利用数字化的信息和网络新媒体的交互性来辅助营销目标实现的一种新型的市场营销方式。市场营销中最重要、最本质的是组织和个人之间进行信息传播和交换。随着互联网技术发展的成熟以及联网成本的低廉，互联网好比是一种"万能胶"，将企业、团体、组织以及个人跨时空联结在一起，使他们之间信息的交换变得"唾手可得"。

网络广告是互联网公司重要的营销模式，也是最容易实现的网络营销方式。互联网发展到今天，信息展示的方式，已从门户网站发展到社会化媒体，传播效率由低到高，沟通方式也由单向到双向。因此，借助于现代化的互联网产品，如社交网站、搜索引擎、博客、微博、微信等工具实现传播的互联网化，是互联网思维下营销模式转变的第一步，也是最容易的一步。嬉戏谷传播模式从开始的官方网站的宣传，到社会化网络媒体营销，再到 APP、微博、微信等新媒体应用，都是互联网营销的生动体现。嬉戏谷景区开发建有大型的电子商务平台，嬉戏谷官网和嬉戏谷淘宝旗舰店功能强大、内容丰富，提供门票、商品的网上预订、销售和支付服务。

嬉戏谷线上有官方网站（www.ccjoyland.com）、淘宝、天猫旗舰店等，线下依靠传统旅行社，同时还有全国各地的OTA合作，构筑线上嬉戏谷官网＋手机掌上嬉戏＋线下嬉戏谷三位一体的线上线下、虚实互动娱乐平台，积极创新娱乐和消费的新型商业模式。

（一）社会化媒体营销

社会化媒体营销亦称社会化营销，是利用社会化网络、在线社区、博客、百科或其他互联网协作平台新媒体来进行营销，公共关系和客户服务维护开拓的一种方式。又称社会媒体营销、社交媒体营销、社交媒体整合营销、大众化关系营销。社会化媒体营销能针对产品进行推广，更精准，成本更低，达到一种口口相传的效果，同时也达到口碑营销效果。

嬉戏谷通过网络流行应用——新浪微博和腾讯微博，为游客提供信息和服务，举行各类有奖互动活动，吸引公众目光。

（二）自媒体营销

随着互联网科技的发展、移动端应用服务的普及，为了给游客提供更好的服务，嬉戏谷与时俱进，推出手机版官网、嬉戏谷微信公众号、掌上嬉戏手机APP等应用来服务游客，实现即时资讯的传播。

为满足手机无线客户端游客在吃、住、行、游、购、娱等方面的旅游资讯服务需求，策划研发了"掌上嬉戏"项目，并在国庆黄金周之前上线供游客下载使用。"掌上嬉戏"（手机APP）项目提供游客从自己家到嬉戏谷的精确手机地图，游客在园内的精准定位服务，获得最新的排队和演出等资讯，让游客用手机参与园内游乐互动，游客之间可以分享游乐经验和体会（如图4-10所示）。

图 4-10　掌上嬉戏谷

　　嬉戏谷与中国建设银行总行电子银行部合作,推出手机一拍付购票应用平台,可以采用手机支付随时随地购买嬉戏谷门票,顺利实现手机购票—手机支付—手机入园的全移动智能购票流程。

　　充分利用 APP、微信、微博等新媒体,及时捕捉手持端支付、新媒体传播、交互营销等趋势,加强掌上嬉戏的宣传推广力度,推进智慧景区标准化建设,使游客获得多层次、多维度的游玩体验。如嬉戏谷推出的微信预约排队系统,游客反映较好。

　　1. 官网

　　嬉戏谷新版官网由常州嬉戏谷有限公司整合公司资源,自主开发完成,新官网融合展示、推广、宣传、营销、服务等各大功能,体现嬉戏谷全新互联网营销思维,(从流量导入—访问频率提升—景区价值发现的服务 + 销售 + 服务理念,让游客体验到随时随地能便捷、快速、准确地获取最新资讯，从便捷智慧销售——游前资讯导航到游中智慧导览导购——游后分享的全程智慧服务）（如图 4-11 所示）。

图 4-11 嬉戏谷官方网站

2. 在线交易平台

"嬉戏谷电子商务平台"http://ticket.ccjoy.com 满足时下最流行的网购人群以最快最便捷的方式购票，将实体门票转化为彩信形式，客户可以选择网上购票或者手机购票，手机＋银行卡可以直接完成支付，数分钟内获得门票，刷手机彩信或身份证就可检票入园（如图 4-12 所示）。

图 4-12　嬉戏谷官方电子商务平台

3. 智游宝

　　嬉戏谷为提高游客感官体验，减少互联网购票环节，对接引入了"智游宝"端口，游客所购买的嬉戏谷电子门票可直接刷手机彩信或二代身份证入园，减少网络购票、换票的烦恼。除了官方平台嬉戏谷官网和天猫旗舰店外，选择有影响力、可以长期合作的互联网分销平台，对接浙江深大智游宝平台，借助智游宝系统各分销平台全部实现门票电子化，全面提升携程、驴妈妈、途牛、同程、天猫等协作网站的购票服务，同时上线由部门自主开发的新版员工亲友票系统，基本替代了网上购票窗口换票的旧模式。途牛对接智游宝后，2013 年 4~10 月实现销售数量 11000 张，销售额 150 万元，而 2012 年同期（未对接智游宝）销售数量不到 2500 张，销售额 33 万元。

嬉戏谷通过 APP、微信公共平台、淘宝网、天猫旗舰店等自媒体的推广应用增强了游客的参与性体验，为游客提供游前、游中、游后的服务，并保持良性互动，充分利用自媒体营销策略，提升了智慧旅游的服务水平，提高了游客满意度。

如迎新春期间，嬉戏谷将推出粉丝大联盟活动，关注嬉戏谷官方微信参与猜灯谜的活动，不仅可以赢取豪礼，同时还能赢取线下扔筛子的机会，扔到即赚到，新年大礼就等你来拿啦！不仅如此，恋爱季来嬉戏谷园区内，还可参与花样壁咚挑战赛以及特色万人壁咚大会。分享微信朋友圈后即可前往"传奇梦工厂"经工作人员确认领取"专属爱情合约书"，凭"爱情合约书"签约双方可享受 2015全年重游嬉戏谷买一送一的优惠。

随着网络媒体、手机移动客户端的兴起，品牌宣传由传统传播的"推送"向"互动"转移，进行了以微博、微信、APP、二维码互动为主的移动互联"品牌微宣传"。如与腾讯微博联手推出的"人在旅途"话题讨论，并嵌入嬉戏谷 2 周年活动宣传，15 天内的微博阅读量达到 40 万条，全部转播和评论近 4 万条。

（三）嬉戏谷特色营销——虚实互动的网络游戏、网络剧、微电影等

嬉戏谷作为全球第一个以"动漫艺术、游戏文化"为主题的主题公园，融合数字娱乐和互动技术，将动漫游戏虚拟世界实景化，将奇幻世界带入现实。独创虚实互动商业模型，全面实现线上"嬉戏族"动漫游戏互动娱乐、线下嬉戏谷实体消费两大平台，开发"中华龙塔"等多款线上线下互动游戏。

嬉戏谷通过现今流行的网络剧、微电影、乐园的守护天使"安洁西公主"关晓彤的形象代言等方式进行特色营销。嬉戏谷重金聘请全球顶级编导与演艺团队，精心打造的全球首部室内全景 3D 立体秀《幻境》，在嬉戏谷大剧院首次公演。与北京铭乐文化传媒有限公司联合出品了国内首部主题公园全景偶像剧《嬉戏魔法乐园》，《嬉戏魔法乐园之爱情大爆炸》于爱奇艺独家开播，观看率当日即冲

破百万大关,播出 4 集观看直逼 300 万次,七位数的收视数据证明了其精准的市场定位及优良制作水平,不仅受到网友们的支持,也获得业内剧评人的肯定,让人更加期待接下来的剧情发展。精心制作的国内首部魔幻爱情攻略微电影《魔法触恋》(如图 4-13 所示)更是大获好评,成功斩获北京国际微电影节光年奖"最佳传播奖"及光年奖"最佳影片奖"提名,成为最佳品牌定制微电影。这一营销极大地扩大了嬉戏谷在消费者心目中的影响力。

(四)OTA 合作

OTA(Online Travel Agent) 是指在线旅行社,是旅游电子商务行业的专业词语。代表有驴妈妈、同程网、途牛网、去哪儿网、携程网、芒果网等。OTA 的出现将原来传统的旅行社销售模式放到网络平台上,更广泛地传递了线路信息,互动式的交流更方便了客人的咨询和订购。嬉戏谷根据市场需求,加强与 OTA 商(途牛、同程、驴妈妈等)的合作,官方及各渠道推出二日游、自助游等打包产品在网上销售。

图 4-13　电影《魔法触恋》剧照

三、备战"互联网+"的创新融合营销

"互联网+"是互联网思维的进一步实践成果,通俗来说,"互联网+"就是"互联网+各个传统行业",它代表一种先进的生产力,推动经济形态不断发生演变,从而延长社会经济实体的生命力,为改革、创新、发展提供广阔的网络平台。

嬉戏谷积极备战"互联网+",做好移动互联时代大数据下的精准营销与创意营销。面对我们已经进入的大数据时代,在数字生活空间,用户每天上网产生大量的数据信息,这些非结构化的数据通过大数据挖掘技术和应用正在显现出巨大的商业价值。智能手机、平板电脑等移动终端设备的不断普及,正在深刻改变整个广告市场营销的生态,大数据、智能化、移动化必将主导未来的营销格局。嬉戏谷充分把握大数据时代的数据信息,依靠"大数据"分析,关注游客的体验,研究开发虚拟景区、虚拟角色导游、手机互动游戏等更丰富的游玩功能;着力智慧营销和智慧服务,充分研究开发移动终端的各项功能,为游客提供门票+酒店、餐饮+旅游纪念品等个性化定制产品和服务,做好大数据时代下的精准营销和创意营销。大数据时代要求企业能够向所有消费者触点传达持续的记录系统;要求拥有一个能够在社交网络、收银处、线上和移动设备同时提供产品信息、促销信息的同步引擎;要求对客户实现持续关注,运用统计数据去精准地提升购买体验。在这种情况下,嬉戏谷自主开发了游客满意度调查系统与会员信息管理系统。

(一)游客满意度调查系统

嬉戏谷注重游客服务数据库的建设和使用,利用信息化手段自主开发游客满意度调查数据管理系统,游客满意度调查表的统计已实现信息化、系统化和自动化。系统能够针对游客满意度和各项调研数据、意见自动形成分析结果,用更精准的数据指导嬉戏谷为游客提供服务、提升服务水平,同时对后期经营营销进行决策支持。

（二）会员信息管理系统

所有注册购买过嬉戏谷手机电子票的游客或办理过"建行嬉戏谷联名卡"的游客都是嬉戏族会员，会员数量已超过五百万人。嬉戏谷建立会员档案，定时给予最新园内信息（电子邮件）或温馨短信。同时系统还设计了生日提醒功能，游客在生日当天游玩嬉戏谷将获得意外惊喜。贴心的会员服务拉近了嬉戏谷与消费者之间的距离，为嬉戏谷的针对性精准服务提供依据。

嬉戏谷的营销推广已经做到了全渠道电商的模式，给用户提供了一致顺畅的消费体验。它拥抱变化，不断创新，把握时代潮流，紧跟时代步伐，明确运营主题，创新营销模式和手段，适时调整营销策略，加强市场推广力度。嬉戏谷通过有效的自身定位，全面的整体营销规划和形式多样的营销手段，带领企业创造佳绩，率领团队开启了一场华丽的征程（如图 4-14 所示）。身处最好的时代，期待最精彩的表现。

图 4-14　嬉戏谷团队训练

第五章　差异化的品牌战略

　　品牌塑造和形象传播是主题公园吸引游客的关键因素，迪士尼的卡通形象风靡全球，美国六面旗公园的刺激体验引人向往，蒂沃利公园的童话之旅塑造了自然恬静的独特品牌，而互联网时代的到来为嬉戏谷引领了道路，品牌战略的实施为环球动漫嬉戏谷跨越式发展拓展了巨大的空间。在品牌定位上，环球动漫嬉戏谷依托互联网发展背景，实施差异化策略，开中国数字文化的首创；在品牌表现上，环球动漫嬉戏谷打造囧囧狗、CC公主等自主商标、专利等，品牌形象深入人心；在品牌传播上，异业合作的方式形成多元化、多渠道的品牌传播，嬉戏谷综合性发展之路不断拓宽。

图 5-1　嬉戏谷品牌

第一节　互联网下差异化定位

一、"中国创造"的数字文化航母

迪士尼主题公园的成功在世界范围内掀起了主题公园热潮，国内外各类主题公园如雨后春笋般冒出。然而简单复制、盲目模仿、缺乏自主品牌和文化创意等问题随之而来，目前，我国主题公园 70% 亏损，20% 持平，仅有约 10% 盈利。打造主题公园自主创新品牌，成为我国主题公园发展的重要支撑。

嬉戏谷将动漫游戏作为品牌的核心价值，秉承"高效、优质、强势、大品牌"的战略目标，重视品牌管理与自主创造。目前，江苏嬉戏族集团旗下已拥有自主品牌 50 余个。"嬉戏谷"这一品牌不仅成为了常州市知名商标，并不断成长为主题公园自主品牌创造的数字文化航母。

嬉戏谷，尊重一切知识产权成果，不做任何一款动漫游戏的简单翻版。在项目内容上，广泛提炼全球动漫游戏的风格特征，遵循文艺创作的规律，消化吸收再创新。"嬉戏谷的诞生开创了一个时代，是中国自主原创、世界独一无二的数字娱乐主题公园。""数字娱乐本质上是一种文化创新，常州环球动漫嬉戏谷体现了民族的自主原创性。"时任全国政协副主席、中国文联主席的孙家正认为，嬉戏谷是一个数字文化品牌资源高度集聚，与生态旅游产业互动发展的现代服务业创新项目。

名称是品牌重要的一部分，从某种角度来看，名称就是嬉戏谷的定位。"中国游戏嘉年华"——"环球数字狂欢谷"——"环球动漫嬉戏谷"，三次演变，三次成长，见证了嬉戏族人对嬉戏品牌的不断追求和探索。选择"中国游戏嘉年华"时，项目尚处于策划阶段，更多的是考虑如何将动漫游戏元素注入旅游业，实现数字文化和旅游产业间的跨界融合。但当项目进入实质操作阶段，大家发现，如果不在项目内容、参与方式上实现突破，即便项目主题再新颖，也难以拥有持久的生命力和市场热度，市场化运作更无从谈起。不懈探索下，"虚实互动"模式逐步确立，项目内涵不断提升，导致了首度更名"环球数字狂欢谷"。这种自我否定、自我超越的意识，在新一轮更名中得到进一步放大。项目邀请全球顶尖咨询公司，对整体品牌进行大刀阔斧的再塑。"品牌越简单，传播性越强。""嬉戏"的简称是CC，由此，进一步明确了项目的个性化和指向性。从而再度更名，最终将公园名称确定为"环球动漫嬉戏谷"。

不断创造、推陈出新，打造"世界级动漫游戏文化体验圣地"，树立"全球游戏主题乐园品牌No.1"是嬉戏族人在奋战征程中的标杆指引。环球动漫嬉戏谷首次将物联网技术全面应用于主题公园，首次将"虚实互动模式"融入游乐项目，首次将线上线下两个互动娱乐平台进行了有机整合，200多项动漫游乐项目中1/3属全球首创，带着游客穿越奇幻世界开创了"中国创造"的主题公园时代（如图5-2所示）。嬉戏品牌的树立为常州市武进太湖湾在数字文化特色旅游、品牌自主创新的道路上深深地刻下了"中国创造"的里程碑，一个多元化的产业蓝图及跨越式的经济腾飞在太湖湾成为现实，引领中国主题公园文化与品牌建设的航向。

图5-2　嬉戏谷——穿越奇幻世界

二、差异化的品牌定位策略

基于逾4亿中国互联网用户的庞大娱乐需求，嬉戏谷品牌定位鲜明，以满足当前消费需要适时超前的设计与世纪品牌"迪士尼"及"环球影城"形成明显的差异，注重现代数字文化体验的环球动漫嬉戏谷，给了世界一个新主题。

独特的品牌定位与设计推动着嬉戏谷在主题公园海洋中顺利前行。嬉戏谷将其受众群体定位为以下四类人群：追求刺激的乐活潮人；稳定收入、以事业家庭为主的家庭类人群；热爱游戏，青春激昂的Coser；追求生活品质、享受生活、追逐品位的白领人群。初期在"立足沪宁杭，面向长三角"的品牌宣传布局下，环球动漫嬉戏谷将在巩固和加深长三角已有的品牌市场影响力和美誉度的基础上，对华东其他地区进行精准营销宣传，扩大其品牌的知名度与影响力。

嬉戏谷在前期品牌推广的过程中，坚持以消费者需求为导向，采用"广、热、准"三把利剑进行品牌推广，令嬉戏谷品牌响彻太湖湾，成为引领区域发展的文化新秀。第一把剑"广"，嬉戏谷在售前通过用户消费习惯来铺设品牌在全网的口碑内容，培养潜在客户对于品牌的吸引力。第二把剑"热"，在销售过程中，嬉戏谷设计短平快的互动活动，丰富消费群体对于产品的体验感，制造线上线下热点为品牌造势。第三把剑"准"，在售后阶段，嬉戏谷与重要搜索引擎、地方性媒体及各类新媒体进行合作，发挥媒体圈子化效应，与门户网站合作精准到区域和人群，有效提升了品牌影响力。

合理的品牌定位与有效的品牌推广是嬉戏谷品牌差异化建设的重要手段，针对特定客户群体市场进行细分，不仅与周边市场和其他主题公园进行有效区分，也在国际范围内形成差异化的主题公园品牌，引领着嬉戏谷在主题公园的品牌蓝海中砥砺前行（如图5-3所示）。

图5-3 梦幻嬉戏谷

第二节　商标、专利、版权同布局

　　嬉戏谷在构建品牌运营体系的路上，释放灵感、敢为人先，创设出"嬉戏族"、"嬉戏谷"、"CCJOY"、"CC公主"、"囧囧狗"等一系列自主原创品牌，打造出了具有创新性、开放性、融合性、集聚性和可持续性特征的"嬉戏谷"产业发展体系。立足专利研制、品牌培育和版权保护三大战略布局，嬉戏谷不断对品牌进行集聚创新和提炼，引领企业前进。

一、品牌商标培育

　　嬉戏谷目前拥有应用于衍生商品及创意周边的"CCJOY"品牌，致力于发展"CC"、"CCJOY"、"嬉戏谷"、"嬉戏"子品牌等多级品牌联动的体系链。结合公司的品牌建设战略，公司已成功申请了包括"嬉戏谷"、"嬉戏族"、"CCJOY"等在内的国内商标几十余件（覆盖了多个商品及服务类别），并申请了"嬉戏谷"的国际注册商标3件（涵盖马德里条约国际注册84个国家和地区），拥有各类品牌50个。钻石型的嬉戏谷品牌图标，充满魔法活力的嬉戏家族以及与嬉戏公主相关的品牌故事，成为了嬉戏谷品牌商标培育的有机组成部分。

　　（一）八角星芒——品牌图标含深蕴

　　走进嬉戏圣地，带着钻石闪耀光芒的嬉戏谷巨型品牌图标随世界脉搏转动。"取钻石之型，融钻石之魂，望世界之巅，绘希望之蕴"，嬉戏谷品牌从创立初始便蕴含着嬉戏品牌文化与愿景。"钻石之型"以顶级切工钻石中抽象的八角星芒为核心图形，八角分别寓意着"诚实、英勇、精神、公正、荣誉、牺牲、谦卑、怜悯"的动漫游戏八大美德，极具张力的线条寓意企业锐意进取和勃勃生机。作为太阳与能量的象征，八角星芒预示着超越一切的领先性，象征着嬉戏谷将引领行业不断向前。"融钻石之魂"是品牌的精髓，钻石独一无二，寓意嬉戏谷作为全球唯一动漫游戏主题公园，独特定位无与伦比，钻石永世闪耀，象征嬉戏谷开放的格局与无穷的发展潜力。"望世界之巅"阐释了嬉戏族人对嬉戏谷未来发展的宏伟战略目标，钻石的八角星芒绽放于地球之上，呈现出包罗全球的扩张形态，象征嬉戏谷放眼全球的战略高度以及行业领导地位。在品牌图标的色彩运用上，鲜活的黄色昭示着自由欢乐的精神图腾，而地球海洋蓝色则赋予更多的内涵和希望，"绘希望之蕴"中美好的嬉戏画卷正缓缓展开，延伸至无限的未来（如图 5-4 所示）。

（二）嬉戏家族——动漫卡通形象传播品牌

创意为魂，创新为体，嬉戏谷在品牌构建与园区建设中让想象、灵感、创意与实践完美结合。到过嬉戏谷的每位游客，无人不知这位乐园虚拟偶像——美丽圣洁的 CC 公主和她的宠物——来自火星的乐园吉祥物"囧囧狗"。嬉戏谷在品牌布局中，借助"嬉戏家族"这个传播快乐、充满魔法的虚拟形象进行品牌营销，为品牌创造出巨大的价值。

图 5-4　嬉戏谷品牌图标

　　充满个性的囧囧狗和拥有魔法的美丽 CC 公主卡通动漫形象，有助于加强与消费者之间的沟通，拉近与游客的距离，增强亲和力。

　　嬉戏谷将品牌建设与品牌营销融入园区的建设中。在嬉戏谷内，从摩天轮上热情的囧囧狗图标（如图 5-5 所示），到充满魔力和圣洁的 CC 公主雕像，乃至淘宝大街上的自主品牌商品，甚至园区洗手间内的标志牌，随处可见它们可爱活跃的身影。嬉戏谷实现自主品牌与文化的完美结合，通过开发主题形象，实现品牌的有效传播。游客们将带有嬉戏谷标志和嬉戏家族形象的纪念商品买回家后，每次看到商品，都能产生对嬉戏谷的留念，唤起美好的回忆。而没有来过嬉戏谷的游客更能通过带有嬉戏谷品牌的自主商品了解这个神奇的梦幻国度，品牌得以营销与推广。

图 5-5　嬉戏谷摩天轮——"幸福运转"

（三）文化密码——神秘的品牌故事

"天地初开，万物归元，亿万年的酝酿，幻化出无数奇异世界。在云与山的彼端，有一片遥远的未知领域，万物吸纳灵气，神奇的生命迹象在此繁衍生息。

历经千年，这片神秘的土壤吸纳了人、神、兽、精灵等各类种族群体，他们盘踞于此，在无声无息中不断壮大，运用日渐丰富的经验知识和魔法技能开创着属于自己的疆域……

相传，缇梨娜加曾与凡人女子私合后，产下一名女婴，这也是他留下的唯一后人，因担心女儿被恶魔迫害，母亲产下这个女孩后便将其带回人间，而这个女孩就是今日生活在人间的 16 岁女孩——嬉戏谷永恒的主角 CC 公主（如图 5-6 所示）……"

充满魔幻的神奇画卷在嬉戏谷展开，这里上演着战争、亲情、友情以及魔法爱情，一切美丽的幻想在此描绘并蔓延……讲故事是塑品牌的重要组成部分，生动的品牌故事有助于传输品牌价值，传播品牌形象，为消费者营造感同身受的体验[1]。嬉戏谷在品牌构建的过程中借助公园内的主题形象，描绘一个个动人的魔幻故事，调动游客对品牌的好奇心与探索欲，加深每个游客对其品牌的认识。

围绕着 CC 公主的圣洁主题形象，嬉戏谷打造《魔法触恋》这一与主题公园以及 CC 公主品牌形象相吻合的微电影。电影《魔法触恋》由具有清纯形象的演员关晓彤主演，讲述了失恋男姜义哲不慎误入游乐园魔法世界，在这段奇妙旅程中与公主安洁西产生了纯美恋情的故事。电影力求通过这段带有魔幻色彩的浪漫爱情，深入人们的内心，探索关于爱情的真谛。电影在嬉戏谷内拍摄，嬉戏谷内梦幻般的场景与美好的爱情故事合二为一，带给人们无限憧憬与想象。随着电影的播放，嬉戏谷品牌故事、品牌形象得以在全国各地传播与推广。

---

1 汪涛，周玲，彭传新等.讲故事，塑品牌：建构和传播故事的品牌叙事理论——基于达芙妮品牌的案例研究［J］.管理世界，2011（3）：112–123.

图 5–6　CC 公主雕像

二、专利研制攻关

专利研制是嬉戏族（集团）有限公司和常州嬉戏谷有限公司发展壮大的强大支撑。嬉戏谷的发展不断着眼于技术研发，依托高新技术为游客提供难忘游览体验，打造主题公园差异化的响亮品牌。

目前公司已申请并持有外观设计专利 9 件，为公司的品牌塑造提供有力支撑。神秘岛、圣殿山、英雄门作为玩具模型类外观设计专利，在玩具模型的传播中展现嬉戏谷的神奇与美丽。美丽的神秘岛以独具风格的外形获得了建筑物类外观设计专利。公园的象征与代表——CC 公主不仅在塑像类外观设计上，还在卡通玩具类外观设计方面取得专利，成为嬉戏谷品牌的代言。嬉戏谷内的高新技术设备是公园的吸引物与亮点，公园内 LED 大屏互动 3D 立体显示系统、LED 被动立体显示器、LED 主动全息投影成像装置都被列为实用新型专利。具有专利设计的产品是凸显嬉戏谷品牌与实力的象征，更是品牌战略的重要组成部分。

对外推广专利技术，使之产业化发展也是嬉戏谷品牌输出的重要布局。已申请技术专利的动感交互影院、墙体投影等项目已经成功输出至杭州宋城、横店影视城、宿迁园博园等地。专利技术的输出不仅实现了嬉戏谷技术输出的重要目标，更有效助力嬉戏谷在业界树立品牌形象。

三、文创版权创新

人的创造力是无限的，可以实现创造力的途径也是无限的。文化创意以文化为元素，是主题公园发展中不可或缺的重要力量，融合多元化，实现创造力迸发。

嬉戏谷极力打造独具特色的文化创意品牌，企业文化、主题故事、品牌形象和创造力的融合创新成为支撑嬉戏谷不断前进的动力。通过对版权的保护、管理与输出，已成为推动品牌建设和对外推广的重要行动指南。

妙妙、奇奇、球球等"海底精灵城"卡通人物形象活灵活现地体现了嬉戏谷的文化与创意理念（如图5-7所示）。（如图5-8所示）数项多媒体3D播放软件、著作，衍生出一系列的产品与收益。嬉戏秀、CCshow等多个公司品牌Logo不仅拥有了版权，还衍化为主题公园内代表性的吸引物，成为与众不同的重要吸引力。富有生命力的文化创意作为嬉戏谷品牌体系建设的重要组成部分，不断增强嬉戏谷的文化与品牌吸引力。

图5-7　嬉戏谷——魔法精灵

图 5-8　海底精灵域卡通人物：酷哥

第三节　显差异、谋合作

据 AECOM 统计数据显示，2012~2013 年，中国共有 14 个主题公园开园，截至 2014 年，中国在建主题公园数量约达 59 个，预计到 2020 年，共有 64 个主题公园将建成运营。在主题公园的发展浪潮中，如何迎风而上进行品牌传播与推广，成为嬉戏谷的巨大挑战。在发展的道路中，嬉戏谷集中精力打造自身特色优势，并坚持一业为主，多元产业联动发展，在差异化中凸显特色，在多元化中促进品牌传播。

一、差异化显特色

在主题公园林立的偌大海洋中，打造不可替代、难以模仿的差异性品牌是主题公园发展的基石。差异化的品牌战略不仅是彰显主题公园特色的关键因素，更是细分游客市场的重要吸引力。深圳华侨城集团旗下世界之窗、锦绣中华、欢乐谷和中华民族文化村形成各自差异，吸引不同游客群体。长隆集团旗下的长隆香江野生动物世界和长隆欢乐世界更是打响不同的主题公园品牌。嬉戏谷在发展过程中，始终坚持差异化发展，不断地通过差异化战略来树立其在主题公园中的品牌形象与地位，并将此品牌发展战略贯彻于未来发展中，力求树立中国主题公园独特标志性品牌。

嬉戏谷在从构思到成型的发展历程中，不断探索品牌差异化之路，力求创造差异化、不可替代、难以模仿的品牌形象。一方面，嬉戏谷打造全球首个动漫游戏主题公园，线上线下的动漫品牌主题植入中国文化元素，国际元素与地方文化实现契合，成为国内外动漫游戏主题公园的领航者。另一方面，嬉戏谷与常州周边的主题公园——淹城文化主题公园、常州恐龙园等主题公园在品牌定位、市场定位等方面形成差异，以独特的主题文化吸引游客群体，形成地方主题公园的重要支撑。

嬉戏谷的品牌差异化特色还体现在主题公园的方方面面。嬉戏谷独特的品牌图标、人物形象构建了完善的品牌体系；剑文化与面具文化创意独特，使品牌文化活灵活现；以"恋爱季"、"周年庆"为主题积极筹划的各类节庆活动，《魔法触恋》、《嬉戏魔法乐园》等影视宣传独具一格；"文化、旅游、体育、科技、休闲农业"五位一体的发展战略更是奠定了其在主题公园行业中独特的地位。

二、合作化促发展

品牌对外合作、推广是推动品牌建立和企业发展双赢的重要手段[1]。在自主品牌建立和推广的过程中，为促进园区形式多样化，增加园区活力，嬉戏谷采取多元化品牌发展战略，积极对外合作。一方面是品牌引进，集团目前已经与《洛克王国》《摩尔庄园》等知名游戏开展知识产权合作，通过线下建造实体游戏场景、线上进行互联网合作的方式，双方品牌都得到提升实现双赢。另一方面是品牌输出，布局全国的发展战略，"嬉戏谷宿迁动漫王国"已于 2013 年 5 月如期运营。合作化的发展进程中嬉戏谷品牌得到更好的营销

1　郑春东. 企业品牌延伸策略研究［D］. 天津大学博士学位论文，2005.

与推广。

（一）异业合作，强强联手

嬉戏谷在品牌发展中采取异业合作的新型模式，携手各大知名企业，共同整合资源，形成"光辉泛化效应"，以提高彼此品牌的知名度和忠诚度。因势利导的价值导向是品牌强强联手的基础，嬉戏谷以其独具特色的品牌价值，为商业伙伴、社会发展提供了不可估量的价值。

1. 吸引各大企业入驻园区

在异业合作的过程中，嬉戏谷将各大行业知名品牌引入园区，各类动漫游戏品牌与资源的不断介入，将帮助嬉戏谷在主题公园发展的过程中形成相对静止和不断延伸相统一的品牌定位，实现主题公园的可持续发展。嬉戏谷内"摩尔庄园"设计与淘米网合作，开创线上线下全新的游玩体验（如图5-7所示）；世界级饮料巨头可口可乐公司，在园区内打造国内主题公园中唯一一座可口可乐免费体验博览中心；世界最大的专业图形芯片公司 NVIDIA 唯一授权设立的全球游戏内容一站式体验中心；腾讯公司研发的在线绿色社区网页游戏《洛克王国》成为嬉戏谷中儿童们的欢乐圣地（如图5-9所示）；与游戏巨头"完美世界"联袂打造的华东超级"完美水世界"成为夏天嬉水的绝佳之地（如图5-10所示）；日本东映动画、韩国文化产业振兴院等国内外知名动漫游戏企业合作入驻……嬉戏谷品牌战略不断发展，随着近千个全球优秀动漫品牌衍生产品集中落户，亚洲最大的动漫游戏衍生产品商业街轮廓初显。

2. 迅速布局影视界

嬉戏谷品牌建设将营销的触角延伸到影视界，借助影视传播的受众面广、传播速度快、影响范围广的特征，实现跨界融合中的有效品牌推广。2015年初，嬉戏谷与北京铭乐文化传媒有限公司合作，首创国内首部魔幻爱情攻略微电影《魔法触恋》。《魔法触恋》取景于环球动漫嬉戏谷，成为嬉戏谷进军影视界营销的

图5-9　嬉戏谷洛克王国

成功第一步。《魔法触恋》播出后，嬉戏谷加大与影视界异业合作的脚步，与北京铭乐文化传媒有限公司强强联手，联合出品国内首部主题公园全景偶像剧《嬉戏魔法乐园》（如图5-11所示）。《魔法触恋》与《嬉戏魔法乐园》的主演关晓彤，更是用其青春与活力的气息诠释着嬉戏谷的主题文化与精神。嬉戏谷邀请知名作曲家与制作人为嬉戏女神关晓彤量身定制歌曲《安洁西公主》，《安洁西公主》同时也作为嬉戏谷的主题曲，歌曲中青春活力、充满力量的诠释仿佛能带给人无限的魔法力量。嬉戏谷开拓了主题公园跨界异业合作的新模式，相信伴随着微电影、偶像剧和歌曲的播出，嬉戏谷的品牌将伴随着歌声与浪漫的爱情故事不断深入人心，使嬉戏谷的品牌竞争力得到不断的增强。

图 5-10　欢乐的戏水时光

图 5-11　《嬉戏魔法乐园》剧照

3. 科研单位智库支撑

嬉戏谷在品牌布局的过程中注重对品牌实力的培养，而强有力的科研团队是嬉戏谷品牌壮大的重要支撑。嬉戏谷与北京第二外国语学院、南京理工大学、上海交通大学、南京信息工程大学、常州科教城等单位合作，共享科研资源与人才资源，强化研发团队建设，打造具有创意策划、技术研发、系统集成、智能装备生产试制、特种影视内容制作能力的专业团队。同时，嬉戏谷与浙江大学、上海交通大学、常州科教城的一些数字技术科研单位签订数字科技研发创新基地共建协议，并聘请业内专家为技术顾问，指导新技术的研发及应用推广，以确保第一时间获得新技术、新产品的知识产权。

4. 延伸金融行业合作

嬉戏谷与建设银行通过异业联盟合作的方式联合发行嬉戏族龙卡（如图5–12所示），游客使用建行联名卡在园内进行刷卡消费，可享受九五折优惠，目前该卡发行量达到400万张。嬉戏谷的形象在建行的卡上出现，不仅是品牌宣传的最佳方式，更是品牌多业态合作的重要战略。

（二）品牌输出，互利共赢

品牌输出是指企业通过提供品牌使用权、品牌塑造、品牌运营、联合开发产品、传输管理经验和人力资源等方式，联合其他企业，进入开发国外市场，从而达到降低成本、扩大市场份额、规避风险、提升核心竞争力等目标的投资行为。企业的快速成长与发展离不开品牌输出这一重要举措。

图 5–12　嬉戏族龙卡

　　嬉戏谷在发展的过程中借助品牌输出的力量，使主题公园的事业发展在有限的资金和时间内得到充分施展，实现品牌在市场上的快速成长。具有"嬉戏谷动漫王国"子品牌的宿迁嬉戏谷动漫王国是嬉戏谷品牌战略输出的第一次试水。宿迁嬉戏谷动漫王国由常州嬉戏谷有限公司、宿迁市政府共建，项目占地 26 万平方米，一期投资 7 亿元，投资主体为滨湖新城城投公司。在宿迁嬉戏谷动漫王国的项目中，嬉戏谷输出品牌、管理，承担整个项目的设计，宿迁市政府负责投资建设。目前，宿迁嬉戏谷动漫王国一期开放的主体项目均是嬉戏谷的手笔。嬉戏谷输出 5 名管理人员长驻宿迁，担任景区总经理、副总经理等职务，充分移植管理经验。今后嬉戏谷设计生产的衍生品将在宿迁出售，各项活动也尽量在宿迁落地，最大限度实现资源共享，开拓互利共赢，共同发展的良好发展前景。嬉戏谷借助品牌输出，产生品牌价值的"滚雪球"、"核裂变"效应，布局增加了企业的无形资产价值，提高了企业的知名度和商誉，增强了市场竞争力。

第四节　多途径实现品牌战略

打造"全国知名文化品牌"，实现"全球动漫游戏主题公园品牌 No.1"是嬉戏谷品牌发展的远景目标与行动标杆。未来嬉戏谷品牌战略布局将在完善企业内部品牌建设的基础上，立足自有商品品牌构建、移动端传播以及小型乐园的品牌输出，在新的相关领域开创新的商标，创建子品牌，进一步丰富品牌内涵，提升知名度、创名度。

一、企业内部品牌建设

在品牌的发展与传播过程中，员工扮演着重要的品牌大使的角色。在消费过程中，员工在经营中的参与程度和积极性将在很大程度上影响顾客的满意度。如果员工对品牌的内涵有了深刻的理解，并把打造品牌的目标内化成自己的自觉行动，他们将成为品牌推广的一线代表。嬉戏谷在加大企业外部品牌推广的同时更是重视企业内部品牌的建设。

"NAVI 领航"的企业文化融入嬉戏族人的生活，让"精、气、神"与每一位员工相伴。游戏经验值体系的内部管理方式更是将企业文化与企业品牌贯穿于工作与生活的点滴。嬉戏谷为嬉戏家族的每一位成员提供良好的工作环境，入职前完整的职业培训让员工对企业文化和企业品牌有了较好的认识，将品牌文化内化为自身的行动表现。在嬉戏谷中，你能看到员工们热情洋溢的笑脸，他们拿起手中的麦克风与游客们互动，讲述嬉戏谷的传奇与故事，由内而外散发出的快乐将感染并传递给每一位游客。正是由于企业内部品牌的建设，每一位嬉戏家族成员在工作中体会到了成长的快乐，拥有了家园的归属感，并自觉地成为嬉戏谷品牌传播者、推动者。

二、自有商品品牌推广

主题商品是企业品牌和文化的展示载体，通过实物展示的主题商品，游客能更加深入地感受嬉戏谷的文化底蕴与品牌内涵。嬉戏谷主题商业围绕动漫游戏主题，构建了独立完善的商品体系，采用创新开发与深度开发相结合的模式，自主开发了工艺美术品、玩具、日用品、主题文化、剑文化、面具文化、主题美食等数十类特色商品。

在嬉戏谷"淘宝大街"，游客们可以购买到带有嬉戏谷图标、CC 公主、囝囝狗形象的品牌商品。精美实用的商品和美好的游园体验将伴随着游客，成为一段美妙的回忆。自有品牌商品的开发不仅是提升游客体验和满意度的重要方式，更是嬉戏谷品牌推广的有效手段。

嬉戏谷在未来发展中，还将深化品牌载体的建设，进一步加强与科研单位的合作，强化研发团队建设，加大自有品牌商品和专利技术的设计和输出，促进自主品牌的培育和提升。

三、移动端智能传播品牌

移动客户端的广泛普及，促使移动端品牌营销成为园区智能化建设和提高用户体验的重要手段。嬉戏谷在品牌战略布局中，将移动端建设作为品牌营销和宣传的重要部分，改变传统推送的方式，实现与游客互动传播品牌。嬉戏谷开展了一系列以微博、微信、APP、二维码互动为主的移动互联"品牌微宣传"，借助移动端强大的力量实现品牌传播。

嬉戏谷紧跟数字化与智慧化步伐，开发"掌上嬉戏谷"APP客户端，跨出"品牌微宣传"第一步。"掌上嬉戏谷"是个提供全方位智能导航、导览、导购、交友、休闲游戏、会员服务的综合平台系统，是嬉戏谷景区线上、线下虚实互动系统的重要组成部分。该系统提供游客从自己家到嬉戏谷的精确路线导航、游客在园内的精准定位服务等智慧旅游服务项目。微信公众平台是"品牌微宣传"的另一重要途径。"嬉戏谷"微信公众号定期推送嬉戏谷相关资讯。2015年，环球动漫嬉戏谷举办的"嬉戏大咖秀"、"比基尼脚蹼跑"、"最囧表情秀"等活动以及《嬉戏魔法乐园》的开播等活动都在微信平台得以宣传。为促进游客进园消费，嬉戏谷还时常与游客们互动，进行各类与品牌推广相关的送票活动，形成较好的品牌营销效果。嬉戏谷与腾讯微博联手推出的"人在旅途"话题讨论，并嵌入嬉戏谷2周年活动宣传，15天内的微博阅读量达到40万条，全部转播和评论近4万条，取得了较好的品牌营销效果。嬉戏谷品牌构建放远眼光，立足广大互联网消费群体，将品牌战略与移动端技术相结合，不仅给游客带来较好的体验，更是成为未来品牌宣传的重要战略。

四、品牌市场拓展

为扩大嬉戏谷的品牌影响力，嬉戏谷拓展娱乐体验型业态。凭借自身良好的品牌基础，嬉戏谷将体验、娱乐、餐饮以及具有针对性的主题零售有机结合在一起，打造出一个全新的业态模式，并以"娱乐体验式的零售＋室内主题乐园"模式对产品进行推广。新形态的小型主题乐园发展模式将成为嬉戏谷未来品牌输出和品牌战略的重要方向。

"嬉戏欢乐港"室内主题乐园项目选址于常州市兰陵成熟商圈——九州新世界广场，以数字文化为核心，以自主创新为动力，以智能科技为依托，充分利用嬉戏谷现有的产业集聚及平台优势，建设成为集创、研、产、销"于一体的体验式娱乐连锁文化产业项目，是嬉戏谷品牌拓展的重要组成（如图 5-13 所示）。嬉戏欢乐港的建设将进一步丰富嬉戏谷的产业业态，不断扩大嬉戏谷品牌的知名度和影响力。

把握资源整合与共享的先机，发挥联动效应，做大规模，做强品牌始终是拓展嬉戏谷品牌市场的指引方向。嬉戏谷在室内主题乐园的标准化建设和运营等方面的成功经验，将为越来越多的城市综合体的良性发展提供借鉴，并在长三角区域乃至全国范围进行输出推广。"嬉戏欢乐港"项目作为嬉戏谷新的战略布局，是推广嬉戏谷品牌的重要举措，丰富主题公园业态模式，延伸与拓展嬉戏谷品牌。

图 5-13　嬉戏欢乐港项目

第六章　回馈社会

　　"太湖灵秀，汇于一湾"，常州太湖湾7.8公里的黄金湖岸水天一色，生态宜人。嬉戏谷坐落于此，处在苏州、无锡、常州环太湖板块的中枢，以太湖山水风景为依托，地理位置及旅游资源得天独厚。在这片自古便人杰地灵的区域，山水景色等自然风光自是钟灵毓秀，旅游产业的发展也是日渐繁盛。如今，随着创新之风的吹拂，创意、主题、文化被注入其中，形成独具特色的旅游片区——太湖湾旅游度假区。而其中，环球动漫嬉戏谷作为全球首个互联网游戏主题公园，以独到创新的娱乐方式、虚拟与现实的无缝对接，为每位造访者打造了一个前所未有的数字梦幻互动娱乐空间，将现代数字体验与自然生态完美融合。

图 6-1　嬉戏谷大学成立

第一节　景区溢出效应带动周边经济

嬉戏谷作为现代服务产业结构调整升级的创新工程，集时代特征、尖端科技、地方特色、文化创意等诸多要素于一体，是一个产业集聚度高、影响力大、拉动力强、产业链长的综合性文化产业平台，它的发动机效应已日益凸显，其凭借对技术、人才、信息、市场这些数字文化产业链核心资源的有效整合，不仅拉动常州市的旅游、文化等产业创新发展，也为江苏省乃至整个长三角区域的纺织、电子、玩具等传统产业注入活力，更为动漫卡通、软件开发、文化娱乐等新兴产业提供新机遇，有效地促进了区域经济结构的优化调整，推动了区域经济增长方式的根本转变。

一、小嬉戏带动大产业

（一）优化社会资源配置

2009年，"环球数字狂欢谷"被列为江苏省重点建设项目。打造"环球数字狂欢谷"，不仅是加快常州市现代服务业发展、促进产业结构调整的需要，更是发展"现代服务业"的需要。项目建成投运后，嬉戏谷园区解决直接就业岗位2000多个，间接就业岗位5000多个。为当地解决了大量剩余劳动力的就业问题，也为大学生回乡就业提供了条件。带动了周边区域各种服务接待设施、客运服务、环卫保洁、餐饮住宿、商业零售等发展环境优化，周边区域土地价值大幅提升，为推动区域经济发展做出了应有贡献。

嬉戏谷主题公园的功能是旅游和休闲，但门票收入只是旅游者支出中较少的一部分，更重要的是其外部效应或外溢贡献，如饮食、住宿、交通、观光、商业、娱乐等方面给太湖湾景区带来更多的经济收入。相关第三产业的发展方面，作用最为明显。嬉戏谷自落成开园以来带来了大量的人流，带动了当地的物流、信息流、资金流和商品流的运转，使区域经济的发展更具活力、竞争力和生命力。

（二）提升区域核心竞争力

太湖湾是一个田园意境、山水联动、人气十足、游乐与休闲条件良好的地方。这里有能够体验农家乐趣的水果采摘园，能够品尝"太湖三白"乡间味道的特色农家乐，能够尝试坡度滑雪、山地漂流、农耕陶吧的凤凰山四季滑雪场，能够体悟孝道、参详佛教文化的国内目前唯一的以"孝文化"为主题的文化园林景观——中华孝道园，还有竺山湖小镇、城西回民村、春秋阖闾间城遗址、国家龙舟竞赛基地。可以线上线下游戏互动、畅享动漫娱乐的主题乐园——嬉戏谷，不仅引导了日益增长的大众化休闲娱乐需求的选择方向，改善了人文环境，还增添了区域旅游的创新性，渲染了游乐环境的氛围，增强了景区与游客的互动性，也大大增强了景区的亲和力、吸引力和竞争力（如图6-2，图6-3所示）。

大景区联动发展，是嬉戏谷站在更大格局之上提出的长期发展战略。作为太湖湾旅游度假区的构成部分，嬉戏谷将开放与其他景点的深度合作，以实现景区内多景点的联动发展效应。在为游客提供一个娱乐空间的同时，也为塑造城市和区域整体形象提供了一张"名片"。

（三）形成全新的区域产业链条

对一个地区来说，主题公园的建设不仅是作为一种新型的旅游产品予以开发，而且是作为一个高度集约化的区域产业链的模式而经营的，即通过主题公园的建设拉动一大批与此相关的产业的发展，形成一个以主题公园为龙

图 6-2　嬉戏谷后山小景

图 6-3　雪堰镇，桃花盛开的地方

头、为品牌的全新的区域产业链条。嬉戏谷的问世和发展，所涉及的产业既包括纪念品、餐饮业、住宿业，也包括创意、建设、咨询和管理输出等不同的产业体系。

在集中精力打造自身特色、优势的同时，嬉戏谷还将"引资与引智"并举，以动漫游戏文化体验为基点，整合资源，通过与国内外实力机构的合资或合作，积极拓展产业发展的空间，坚持一业为主，多元产业联动发展。嬉戏谷在重点运营好嬉戏谷园区的前提下，还积极拓展了嬉戏谷智能科技、旅行社、商务会所、品牌投资等业务。在嬉戏谷二期建设中与世界级水准的维景国际合作，打造配套嬉戏谷的五星级酒店——嬉戏谷维景国际大酒店；建成自驾车营地。此外，嬉戏谷还引入风靡全球的度假树屋，打造奇幻栖居的云中部落度假村。

配合嬉戏谷整体动漫游戏的文化主题，这里还汇聚了众多知名的动漫形象品牌旗舰店。这无疑是场盛大的线下动漫游戏爱好者的淘宝集会——卡通玩具、漫画图书、电子产品、工艺品、装饰品、服装配饰等一应俱全。目前，变形金刚、海绵宝宝、HELLO KITTY、D·DUCK、哆啦A梦、奥特曼、泰迪熊、可儿、悠嘻猴、大嘴猴等等众多国际知名卡通品牌及动漫游戏刀剑、面具文化特色店已经入驻，成为国内动漫、游戏领域的全类别、全系列衍生产品"集中营"。

占地350亩的嬉戏海建成运营后，嬉戏谷与嬉戏海形成互动联通，将动漫游戏主题继续深入挖掘，其中包括与游戏巨头"完美世界"联袂打造华东超级"完美水世界"；与腾讯首度携手合作打造的国内首个线下的儿童魔法体验王国"洛克王国"；还原秘境探险、神魔传说的"幻想森林"；将普罗旺斯的唯美浪漫空运而来的"太湖吧街"四大主题体验区。

在"嬉戏魅力"的感召下，中国少年儿童动漫文化体验基地来了，国家电子竞技博览和运动中心来了，韩国游戏文化体验中心来了，世界最大的图形芯片公司英伟达一站式体验中心来了，美国本土外唯一的可口可乐免费体验中心也来了……

二、新产业走出新模式

（一）从"新品"到"精品"

文化是资源，也是资本，是理念，也是价值。常州市、武进区两级政府前瞻性决策，将太湖湾传统山水文化旅游资源与互联网科技文化进行了大胆结合，跨界整合出了嬉戏谷这个现代人文主题旅游产品，"点亮"了武进太湖湾黄金岸线，成为突破太湖自然山水传统旅游模式的点睛力作。

凭借"新品"势头，嬉戏谷吸引了大批的游客前来，连连交出惊喜答卷。在国内同行业陷入同质化而后劲不足的情况下，嬉戏谷积极创新，自主研发，将动漫游戏文化元素注入旅游业，实现数字文化和旅游产业间的跨界融合，打造出极具竞争力的精品，成为江苏文化创意产业创新发展的典范。

集独创性、高科技性、娱乐性、竞技性、仿真性等要素于一体，嬉戏谷既是全球优秀数字文化的集中地，更是世界级动漫游戏互动体验的创新地。在注重给予消费者"虚实互动"娱乐新体验的同时，嬉戏谷还创新实践独特的线上线下联动发展商业经济模式，交互和平移线上、线下资源，彼此互相衔接补充，互为上下游市场，极大地拓展了文化产业发展空间。

可以说，嬉戏谷创造了一种新型商业模式，打破了人们只把山水有形资源作为旅游吸引物的传统观念，把体验、理念等无形资源也看作一种旅游吸引物来开发。但虚拟与现实的互动，娱乐与休闲的结合，是一次从无到有的尝试，没有现成模式可循，未来还有很长的路要走。

（二）从"竞争"到"竞合"

让高科技给文化创意产业发展插上"隐形的翅膀"。嬉戏谷专门成立了影视智能科技研究院，开展动漫文化内容开发及特种影视内容生产、互动技术及集成软件开发、大型娱乐智能科技装备研发及生产等。

目前，"嬉戏谷"通过自主开发和技术集成，先后研发了大型 LED 主动立体影院、人机交互 4D 影院、4 自由度动感飞行特种影院、360 度立体天幕影院等项目，已申报多项国家专利，部分智能装备已实现了量产。"嬉戏谷"自主研发的交互 4D 影院、动感影院、360 动感飞行舱项目及墙体投影项目已成功输出至杭州宋城、横店影视城、宿迁园博园等地。

除了自主研发，嬉戏谷更以国际化的视野，积极与全球知名品牌联手，借助合力迸发新灵感。在项目内容上，嬉戏谷吸纳全球范围内优秀动漫游戏要素，集成萃取出"人"、"神"、"兽"世界网游的三大永恒主题，在表现形式和内容上都有所创新，并非简单地复制某一款游戏的场景。这不仅消解了可能出现的版权纠纷，更使项目具备了长久生命力。目前，嬉戏谷已集聚近千个经授权的全球优秀动漫品牌衍生产品，与淘米、腾讯等知名品牌开展异业合作。

（三）从"创意"到"创益"

嬉戏谷的文化创意产业并非单纯的理念创新，而是有着巨大经济效益的成果体现，唯有将创意转化成多元产品，实现多元价值产业链条，才能成为有现代竞争力的企业。嬉戏谷不仅是一个动漫游戏文化体验博览园，也是一个文化与科技高度融合发展的创意产业园区。嬉戏谷定位于交互式的文化体验平台，以数字文化为核心，以智能科技为依托，用产业融合促进结构升级和业态创新，在集聚全球范围内优秀动漫游戏文化内容的基础上，促进内容产业的量变到质变，创新动漫游戏内容产业的发展模式。

在嬉戏谷，创新的脚步永不停歇，也没有尽头。它前所未有地将互联网中的动漫游戏带到了现实世界，创新了动漫艺术和游戏文化的传播表现方式，打造了寓教于乐、精彩健康的娱乐风尚；它汇集了当今世界最前沿的娱乐科技，首次将物联网技术全面应用于主题公园，首次将"虚实互动模式"融入游乐项目，首次将线上线下两个互动娱乐平台进行了有机整合，200 多项动漫游乐项目中 1/3 属全球首创。

图 6-4　嬉戏谷吉祥物——囧囧狗

在建设创新型动漫主题旅游精品项目的同时，嬉戏谷兼顾文化、旅游、互联网、科技、体育、商贸等关联产业的联动发展。形成文化旅游、互联网科技、智能科技、文体娱乐、商贸连锁五大产业板块。大力促进文化、科技、体育与旅游板块间的整合创新与融合发展，促进了区域经济结构转型的升级。不仅建成一个单一的主题公园，还配套建有一座 365 天的"ChinaJoy"国际动漫游戏文化博览及版权交易中心，以展示数字文化内容、动漫游戏艺术、数字文化衍生产品以及数字科技产品的交易博览平台；由国家体育总局授权，每年承办国际国内电子竞技大赛的国家电子竞技运动中心；梦幻演艺大剧场等，将体验经济引向纵深。

"它采用了依托主题公园撬动整条文化产业链的运作模式，形成了主题公园、衍生产品和商业地产三箭齐发、齐头并进的可持续发展格局。"太湖湾旅游度假区党工委闵伟明书记充满信心地展望嬉戏谷的未来。如果说，一个游乐项目会带给游客一份惊喜，那么多个惊喜的叠加，就必然会成为奇迹。嬉戏谷就是创造了这样一个奇迹。

第二节　筹建企业大学构筑人才高地

财富世界 500 强中近 80% 的企业拥有或正在创建企业大学。《2013~2017 年中国企业大学建设运营与典型案例分析报告》数据显示，在美国的上市公司中，拥有企业大学的上市公司盈利明显要高于没有企业大学的盈利。实践证明，企业大学体现了最完美的人力资源培训体系，是最有效的学习型组织实现手段，更是公司规模与实力的有力证明。企业大学带来了企业转型的驱动，决定了企业发展的新路径以及企业人才发展的新方向，是变革转型的加速器和推进器，在企业转型和创新时期，起着关键的作用。

一、企业大学

嬉戏族经历了创业、发展、壮大的历程，更多的是在成长中不断地完善自己并致力于创建一个国内外主题公园文化交流和共享的平台、致力于为中国主题公园职业经理人和技术专家提供一个成长的摇篮，并且迅速成为培训业界先进理念、使用方法的示范基地及企业管理科学的研究与教育基地。嬉戏谷大学在嬉戏族人的努力下孕育而生——2015 年 10 月 22 日国内首座主题公园企业大学"嬉戏谷大学"正式成立。

（一）嬉戏谷大学概况

嬉戏谷大学以实事求是、实事求效为校训。定位于将企业大学建设成为主题公园产业链上职业经理人的训练基地、产学研的会员俱乐部、资源整合的优秀平台，以及嬉戏族集团的党校、团校和工会之家。

基于嬉戏谷的战略与文化构建，嬉戏族集团内部系统培养"四化"人才的需要、利用嬉戏谷大学平台来贯彻嬉戏谷的战略和推行嬉戏谷的文化、形成全面的人才培

图 6-5　嬉戏谷大学校徽

养体系、提高嬉戏谷的组织能力、长期系统地提升管理团队及其他员工的职业素养。通过个性化课程的设计和培训有针对性地解决公司存在的问题，并且作为企业团队沟通的重要平台，同时产生新的商业智慧、提升嬉戏谷产业价值链的价值。

（二）嬉戏谷大学目标

嬉戏谷大学致力于办成国内顶尖、行业一流的高水平研发服务性职业培训教育类的综合性企业大学。为中国主题公园实现科学管理提供重要的智力支持和宝贵借鉴经验的智库。帮助中国主题公园实现"走出去"的宏伟战略目标，为中国主题公园的全面振兴贡献全部力量的顾问机构。

（三）嬉戏谷大学建设

1. 制度建设

嬉戏谷大学的制度建设包括学院制度建设、硕士工作站的制度建设、六个研究所的制度建设、六个中心的制度建设、教学部的制度建设。

2. 基础建设

基础建设着力于教学基地、教学条件、师资队伍、教材、文化等几个方面的建设。

3. 现代化建设

现代化企业大学建设与开放式企业大学建设齐头并进。

（四）嬉戏谷大学理念

在多年的培训组织管理实践和资源积累中，嬉戏谷大学具备了强大的师资阵容、完整并极具特色的课程体系、精干的培训管理与运作团队以及雄厚的研究和开发力量，并努力成为国内主题公园行业人才培养的"黄埔军校"。未来，嬉戏谷大学将更重视与外界的全面合作，包括与海内外著名大学院校及旅游学院合作、与科研院所合作、与其他跨界企业大学合作、与国内外著名企业管理咨询和培训机构合作、与媒体合作等，也将借助常州嬉戏谷有限公司及集团公司的行业背景与品牌影响力，与更多知名业内机构建立战略伙伴关系，筹备建立极具特色的"中国主题公园管理案例库"和"中国文化产业研究案例库"，并在此基础上建成嬉戏谷主题公园管理案例研究中心，在长三角地区乃至全国充分发挥案例研究中心的影响力，案例研究的成果也将对中国主题公园发展起积极的推动作用。

二、主题公园研究所

"一切从一只老鼠开始。"世界上第一个现代意义上的主题公园起源于此，它摒弃了单一的机械游乐设施，使游客身临其境，体验主题鲜明而丰富多彩的游园经历。虽然已经过去了半个世纪，世界各地的主题公园如雨后春笋般涌现，但是迪士尼仍然是现在世界范围最受欢迎的乐园，背后有无数值得我们深思的。

（一）成立的背景

自20世纪90年代至今短短二十几年间，中国已有2800家主题公园落成。据统计：其中70%处于亏损状态，20%持平，只有10%左右盈利。面对主题公园发展中的机遇与挑战，关注主题公园企业的成长与价值创造，为了提升主题公园管理者的经营管理与创新能力，上海交通大学海外教育学院与常州嬉戏谷有限公司共同发起成立国内首家主题公园研究所（如图6-6所示）。

图 6-6　主题公园研究所成立

（二）研究所的定位

主题公园研究所隶属上海交通大学海外教育学院，是一所紧跟时代步伐，总结行业发展的历史经验、指导行业现状健康发展，并有效预测行业发展趋势，全面服务于主题公园的科研交流机构。

主题公园研究所的宗旨是以坚持全球化的研究视角和为中国主题公园服务的理念，以坚持理论联系实际的原则，发扬学术民主，提倡学术讨论，构建开发式的科研交流，为嬉戏谷乃至整个动漫游戏文化产业提供研究条件理论成果合作平台。

（三）研究所的任务

集研究、交流、服务、案例、合作、智库于一体，成为中国主题公园发展理论与实践相结合的核心研究机构。把经过检验的实践转化为理论并用理论指导实践，带动行业发展，专业专注、持续创新、创造价值、探索共赢、回馈社会。

第三节　公益事业

嬉戏谷的发展离不开国家政策的扶持、社会公众的支持，回报社会也是嬉戏谷应尽的责任和义务。企业发展壮大了，有了经济效益和资本积累，开始增强关注民生、回报社会的责任意识。嬉戏族人弘扬中华民族传统美德，热心参与公益事业，以自己的爱心和行为回报社会、回报嬉戏迷众。

一、团委助残日活动

为进一步服务广大群众，响应上级团委号召，积极开展主题活动。嬉戏族团委开展了"助残日"主题活动（如图 6-7 所示）。团委成员带着助残对象及其家属在园区游览参观，并对园区品牌项目一一进行讲解，也对乐园部分设备进行了体验。

图 6-7　团委助残日公益活动

二、"音乐蒲公英——爱心 1+1 畅游嬉戏谷"社会公益活动

在常州环球动漫嬉戏谷的大力支持下，由扬州广播电视报社、扬州 Yesfm949 音乐广播、名城扬州网精心组织的"音乐蒲公英"特别活动组织方带着打工子弟学校的孩子们来到了嬉戏谷，在中国旅游日这一天为孩子们送上了书包和文具。

三、嬉戏族爱心义卖活动

江苏嬉戏族有限公司党总支部、工会、妇委会、团委联合学艺会进行的一次学艺会"惜福助学基金"温暖义卖活动。活动现场每卖出一件物品即向"惜福助学基金"账户捐入 10 元的助学基金，凝聚点滴力量，汇聚心的海洋。

四、嬉戏族党群工作部开展"嬉戏谷—LOVE"无偿献血活动

在嬉戏族集团有限公司董事长杨惠明的带领下，嬉戏哥、嬉戏姐们陆续赶到献血现场进行血液采集。活动得到太湖湾旅游度假区管委会、中华孝道园、嬉戏谷维景国际大酒店等单位的积极响应。

五、"携手嬉戏乐园 关注流动儿童"公益活动

由常州环球动漫嬉戏谷党总支部牵头，联合常州工程学院体育系"爱之翼"志愿服务队、常州市红十字会、常州市新北区西夏墅镇"希望来吧"，在环球动漫嬉戏谷园区内共同开展了以关注流动儿童为主题的暑期社会实践公益活动（如图 6-8 所示）。

40 余名外来务工人员子女来到嬉戏谷二期园区的空地内，进行了素质拓展。在嬉戏谷这片奇幻的土地上提升和强化了个人心理素质，激发了他们的团队精神，更让他们学会了如何正确地沟通和交流。

图 6-8　"携手嬉戏乐园　关注流动儿童"公益活动

　　嬉戏谷这片神奇的土地不仅让普通孩子享受了童年的幸福，也通过一次次的公益活动让更多特殊群体的人们感受到了快乐。

　　嬉戏族人用实际行动向社会展示了其良好的企业形象和社会责任感彰显了嬉戏族人的公益精神。

附件

嬉戏谷所获奖项

序号	日期	奖项
1	2009-03-01	2008 年度常州市优秀旅游项目奖
2	2010-03-01	2009 年度常州市优秀旅游项目（荣誉证书）
3	2010-05-01	廉洁示范工程创建点
4	2010-07-01	常州市动漫行业协会副会长单位（奖牌）
5	2010-12-08	江苏省现代服务业联合会常务理事单位会员证书（奖牌）
6	2011-02-01	2010 年度工程建设管理工作先进单位（奖牌）
7	2011-02-01	"嬉戏谷欢乐港"获常州市文化产业引导资金扶持
8	2011-04-20	常州市文化产业示范园区（奖牌）
9	2011-04-29	2011 中国国际旅游服装服饰赛博会中国旅游职业装展示大赛特别奖（奖牌及荣誉证书）
10	2011-09-01	世界吉尼斯纪录（奖牌）
11	2011-10-01	中国高科技文化主题公园大奖（奖杯）
12	2011-10-31	2011 年度常州市文化产业引导资金扶持（证书）——常州市文化体制改革领导小组
13	2011-11-01	2011 年常州市旅游商品创新设计大赛 CC 公主手办荣获二等奖（荣誉证书）
14	2011-11-01	常州创意产业协会副会长单位（荣誉证书）
15	2011-11-11	苏州广播电视总台 2011 年度新锐合作伙伴（奖牌）

序号	日期	奖项
16	2011-12-01	2011 第六届中国创意产业年度大奖中国创意产业最佳园区奖（荣誉证书）
17	2011-12-01	同程网 2011 年度全国网友最喜爱的自驾游景区（奖牌）
18	2011-12-01	2011 徐州年度旅游风云榜最受欢迎的主题公园（奖牌）
19	2011-12-31	2011 年度旅游企业安全先进集体（奖牌）
20	2011-12-31	常州创意产业协议第二届副会长单位（奖牌）
21	2011-12-31	携程旅行网 2011TOP10 最具人气旅游目的地（奖杯）
22	2011-12-31	驴妈妈旅游网 2011 年度创新营销奖（奖杯）
23	2011-12-31	武进旅游 2011 年度平安景区（奖牌）
24	2011-12-31	南京旅游职业学院教研实习基地（奖牌）
25	2011-12-31	国家数字娱乐产业示范基地（奖牌）
26	2011-12-31	南京信息工程大学实习基地（奖牌）
27	2011-12-31	国家电子竞技运动基地（奖牌）
28	2011-12-31	旅游同盟推荐景区（奖牌）
29	2011-12-31	江苏省武进职业教育中心校实习基地（奖牌）
30	2011-12-31	江苏省常州市中级人民法院知识产权司法保护工作联系点（奖牌）
31	2011-12-31	江苏技术师范学院就业实践基地（奖牌）
32	2011-12-31	常州纺织服装职业技术学院（奖牌）
33	2011-12-31	韩国游戏文化体验中心（奖牌）
34	2011-12-31	全国电子竞技运动基地（奖牌）
35	2011-12-31	国家电子竞技运动基地（奖牌）
36	2011-12-31	中国少年儿童动漫活动体验基地（奖牌）
37	2011-12-31	韩国游戏文化体验基地（奖牌）

序号	日期	奖项
38	2012-01-01	美好江苏欢乐游推荐景区（点）（奖牌）
39	2012-01-01	江苏省科普教育基地 2012~2015 年（奖牌）
40	2012-01-01	2011 年度安全生产先进集体（荣誉证书）
41	2012-02-01	常州市亿元以上优秀文化企业（奖牌）
42	2012-02-01	中国国旅（江苏）国际旅行社 2011 年度最佳合作景区（奖牌）
43	2012-03-01	江苏省合住房保障和保障性安居工程建设劳动竞赛优秀工程项目（奖牌）
44	2012-03-01	2011 年度全市旅游工作先进集体（奖牌）
45	2012-03-01	12315 先进联络站（奖牌）
46	2012-03-01	2011 年度常州市优秀旅游项目（奖牌）
47	2012-03-15	2012 年常州市 3·15 "诚信联盟"单位（奖牌）
48	2012-03-30	中国信用贸易企业示范单位（奖牌）
49	2012-04-27	"东方水城"第十五届中国苏州国际旅游节最佳彩船奖（奖杯）
50	2012-04-29	首届中国·苏州文化创意设计产品交易博览会参展证书（荣誉证书）
51	2012-06-30	中国科学技术协会授予的 2012~2016 年"全国科普教育基地"称号（荣誉证书）
52	2012-08-20	数字文化研发孵化平台获 2012 年度常州市文化引导资金扶持（荣誉证书）
53	2012-09-30	常州市科普教育基地（奖牌）
54	2012-09-30	江苏省科普产品研发基地（奖牌）
55	2012-10-26	常州市旅游行业安全知识竞赛获优秀奖（荣誉证书）
56	2012-10-26	2012 中国艾菲奖旅游景点类铜奖（奖杯）
57	2012-10-30	同程网 2012 年度最受网友好评的旅游景区 TOP 10（奖杯）
58	2012-10-31	"乐游长三角·旅游休闲双百佳"之长三角 100 个不得不去的地方（奖杯及荣誉证书）

序号	日期	奖项
59	2012-11-30	江苏省中小学生科技体验活动基地（奖牌）
60	2012-11-30	驴妈妈旅游网 2012 年度最佳体验景区（奖牌）
61	2012-11-30	同程网 2012 年度最受网民欢迎的自助游目的地（奖杯）
62	2012-11-30	同程网 2012 年度最受网民欢迎的主题乐园 TOP 10（奖杯）
63	2012-11-30	国家体育总局体操运动管理中心全国啦啦操竞赛委员会优秀合作单位（奖牌）
64	2012-11-30	住房公积金扩面先进企业（常州市住房公积金管理中心）
65	2012-11-30	2012 年度旅游企业安全工作先进集体（常州市武进区旅游局）
66	2012-12-01	《江苏省机关团体企业事业单位档案工作规范》省五星级标准证书（荣誉证书）
67	2012-12-31	武进区青少年社会教育基地
68	2012-12-31	中国旅游风云榜之 2012 中国高端旅游品牌 TOP10 奖牌（中国旅游产业发展年会组委会）
69	2013-01-05	2012 年(度)中国优秀游乐园（奖牌及荣誉证书）
70	2013-01-13	常州市知名商标(奖牌)
71	2013-01-31	2012 年度平安景区(奖牌)
72	2013-05-01	CSA8000 常州企业社会责任标准达标企业（常州市企业社会责任标准专业委员会）
73	2013-05-01	劳动保障诚信企业（常州市人力资源和社会保障局）
74	2013-05-20	2012 年度常州市"十佳景区"（常州市旅游事业指导委员会）
75	2013-10-01	江苏省金钥匙科技竞赛战略合作伙伴
76	2013-12-01	《制定制度鼓励员工创新创意》荣获常州市优秀职代会提案一等奖——贾伟
77	2013-12-01	12315 消费维权示范服务站（省工商行政管理局）
78	2013-12-16	江苏省服务业创新示范企业（2013~2015）（江苏省发展与改革委员会）

续表

序号	日期	奖项
79	2013-12-16	江苏省现代服务业集聚区（江苏省发展与改革委员会）
80	2013-12-16	江苏省档案工作五星单位（江苏省档案局）
81	2013-12-16	AAAA 国家级旅游景区（全国旅游景区质量等级评定委员会）
82	2013-12-16	常州市创建和谐劳动关系四星先进企业（常州市创建和谐劳动关系企业工作领导小组）
83	2013-12-16	常州市科普馆 (动漫体验)（常州市科学技术协会）
84	2013-12-16	常州市五星级公园（常州市园林绿化管理局　常州市公园协会）（奖牌及证书）
85	2013-12-16	放心旅游景区（常州市武进区旅游局）
86	2013-12-16	江苏省科普教育基地 2012~2016 年
87	2013-12-18	江苏旅游十大新地标"环球动漫嬉戏谷"
88	2013-12-31	2013 年度保护消费者权益先进集体
89	2014-01-13	2013 年度太湖湾信息工作优秀奖（证书）
90	2014-02-01	2013 年度区红旗团支部
91	2014-03-01	武进区模范企业工会（常州市武进区总工会）
92	2014-03-01	武进区五一巾帼标兵岗（常州市武进区总工会）
93	2014-03-01	区三八红旗手
94	2014-03-01	青年文明号（区委员会）
95	2014-03-01	五一巾帼标兵岗（市总工会）
96	2014-03-18	江苏省放心消费创建活动先进单位
97	2014-04-01	首批常州市智慧旅游建设示范企业（常州市旅游局）
98	2014-05-01	常州市五四红旗团支部（总支）（共青团常州市委）
99	2014-05-01	江苏省五一劳动奖状（江苏省总工会）

序号	日期	奖项
100	2014-05-01	中国游乐行业贡献奖（中国游艺机游乐园协会）
101	2014-06-01	江苏餐饮名店（WHO！主题餐厅）
102	2014-06-01	2014年度江苏省价格诚信单位
103	2014-06-01	常州市优秀科普教育基地（文件）
104	2014-06-01	巾帼文明岗（商品部、餐饮部、客服部）（区妇女联合会）
105	2014-06-30	2013年度常州市文化产业引导资金扶持（证书）——常州市文化体制改革领导小组
106	2014-06-30	2014年度常州市文化产业引导资金扶持（证书）——常州市文化体制改革领导小组
107	2014-09-28	江苏省智慧旅游示范基地（奖牌及证书）（江苏省旅游局）
108	2014-12-01	2014年度常州旅游推荐景区旅行社（市旅游局　市旅游协会）
109	2014-12-01	"首届农渔生态美食节"——太湖湾十大好味道——母米大鳜鱼
110	2014-12-01	"首届农渔生态美食节"——金牌厨师奖
111	2014-12-01	"首届农渔生态美食节"——优秀组织奖（嬉戏谷青年旅舍）
112	2014-12-31	常州市武进区电子竞技商务协会理事单位（2014~2017年）
113	2014-12-31	优秀园林绿化工程金奖（省级）
114	2015-01-01	2013~2014年度诚信单位（省消协）
115	2015-01-11	旅游产品营销创新优胜奖——景区智能化管理营销系统
116	2015-02-11	2014年度太湖湾旅游度假区信息宣传工作中获优秀奖
117	2015-03-22	2015中国最受欢迎主题乐园奖
118	2015-05-08	红旗团支部
119	2015-05-19	年度最佳智慧景区运营商（奖杯）
120	2015-05-28	企业信用评价A级信用企业（奖牌及证书）

续表

序号	日期	奖项
121	2015-05-28	年度最佳智慧景区运营商（奖牌）
122	2015-06-01	亚洲金旅奖首批最具特色魅力旅游目的地、首批最富文化魅力旅游目的地（奖牌）（亚洲旅游业品牌研究会）
123	2015-06-01	亚洲金旅奖首批最具特色魅力旅游目的地、首批最富文化魅力旅游目的地（证书）（亚洲旅游业品牌研究会）
124	2015-06-01	劳动保障诚信示范企业（常州市人力资源和社会保障局）
125	2015-06-01	全国科普交易基地2014年度工作考核——优秀（中国科学技术协会）
126	2015-11-05	上海交通大学海外教育学院主题公园研究所
127	2015-11-05	2015中国广告长城奖广告主奖知名品牌奖（奖牌）
128	2015-11-05	2015中国广告长城奖广告主奖知名品牌奖（证书）
129	2015-12-21	第二届(2015)江苏品牌紫金奖"2015富有创新活力的江苏品牌"（江苏省商标协会、江苏省广告协会、《扬子晚报》）
130	2015-12-22	携程2014年度国内最受网友欢迎旅游景区
131	2015-12-22	2014年度最受网民欢迎的主题乐园
132	2015-12-22	2014年度同程旅游最佳战略合作伙伴
133	2015 12 22	驴妈妈旅游网最佳合作伙伴
134	2015-12-22	驴妈妈旅游网"旅游＋互联网"创新营销合作伙伴
135	2015-12-22	2015年第五届途牛合作伙伴大会"年度最佳合作奖"
136	2015-12-22	嬉戏族旗舰店—阿里旅行·未来景区"2015年度优秀合作伙伴"
137	2015-12-22	驴妈妈旅游网"年度优质合作伙伴"
138	2015-12-23	嬉戏谷大学"2015年度最具成长性企业大学"
139	2015-12-23	嬉戏谷大学"2015年度最具人气企业大学"
140	2015-12-23	《魔法触恋》最佳影片提名奖

序号	日期	奖项
141	2015-12-23	《魔法触恋》最佳传播奖（奖杯）
142	2015-12-23	《魔法触恋》最佳传播奖（证书）
143	2015-12-23	江苏省科普场馆协会2015年全国科普日活动先进集体
144	2015-12-23	2013~2015年度先进基层党组织（中共常州市武进区委员会）
145	2015-12-23	2014年度安全工作先进集体
146	2015-12-24	安全标准化生产三级企业(常州嬉戏族国际旅行社有限公司)(常州市旅游局)
147	2015-12-24	工会服务卡特约商户（常州市总工会）
148	2015-12-24	2015年战略合作伙伴
149	2015-12-26	常州市知名商标证书（2015年12月至2018年12月）
150	2015-12-28	江苏省著名商标证书（2015年有效期三年）
151	2016-01-01	2015年度武进区价格诚信单位（常州市武进区发展和改革局）
152	2016-01-01	2016最受欢迎水上乐园奖(摩天奖)（中国游艺机游乐园协会、发现之旅）
153	2016-01-01	2016最受欢迎主题乐园奖(摩天奖)（中国游艺机游乐园协会、发现之旅）
154	2016-02-01	2015年度全省旅游创新发展优秀项目（2016年2月）
155	2016-02-01	2015年度"双强六好"企业党组织（中共常州市武进区委组织部）
156	2016-02-01	合格职工之家（江苏省武进太湖湾旅游度假区工会联合会）
157	2016-02-01	红领巾爱心企业（常州嬉戏谷有限公司）（中国少先队事业发展中心、少先队小干部杂志社）
158	2016-02-03	常州市钓鱼协会副会长单位
159	2016-02-03	2015年度武进区关爱农民工示范企业
160	2016-03-01	武进区五一巾帼标兵岗（常州市武进区总工会）
161	2016-03-15	2015年度保护消费者权益先进工作者——白晓丹（常州市消费者协会）

致嬉戏族

世间万物
皆有其道
每一种行业的规律都有其产生、发展、消亡的过程
看似不经意的"无心栽柳"
却蕴含着无限精彩的心路历程

当共性向东，我们向西
当梦想在前，我们在后
这是嬉戏族灵魂伊始的呐喊
梦想存在过、美丽过、绚烂着
道路曲折过、艰难过、前行着
也许逆势而生，即使逆风而行
都不改初衷，势不可当

看似平凡普通，却在执着追求
也许貌不惊人，却是精益求精
可能微乎其微，却是执着坚定
嬉戏族开疆扩土
注入的不仅是技术，更是感情
书写的不仅是职业，更是生命

演绎的不仅是生活，更是修行

嬉戏谷的故事仍在继续

曾经的风霜终会凝结为芳华的晨露

且行，且悟……

后　记

本书写作目的作为旅游管理专业 MTA、研究生、本科生教学案例,希望能为旅游业界的从业人员提供一个主题公园开发与管理以及旅游景区经营的最佳实践案例。环球动漫嬉戏谷的创建发展历程、文化经营理念、市场营销方式、品牌营销战略以及嬉戏谷企业大学的创立为主题公园行业提供了发展思路与经验借鉴。在调研过程中,我们深深感受到环球动漫嬉戏谷领导班子对主题公园行业的深入研究与敏锐洞察,见证了嬉戏谷从初创到发展壮大的前进历程,期待嬉戏谷在主题公园行业的继续超越与突破。

本书由邹统钎拟定大纲,统一组织编写,邹统钎、江璐虹、王畅、杨丽端、赵英英负责统稿和文字编辑。具体分工如下:第一章由邹统钎、张复利、杨阳执笔;第二章由邹统钎、范璐璐、赵伊执笔;第三章由杨阳、江璐虹执笔;第四章由储召云、张复利执笔;第五章由江璐虹、储召云执笔;第六章由赵伊、范璐璐执笔;"致嬉戏族"由张复利执笔。

在本书的编写过程中,江苏省常州市武进太湖湾旅游度假区党工委书记闵伟明先生、常州嬉戏谷有限公司丁俊伟总经理、王北晴常务副总经理、裴坚波副总经理、杨冬青副总经理、晏黎明副总经理参与了书稿的调研与访谈工作,为本书的编写工作提供了大量的数据来源与有力的支持。本书的编写还得到了常州嬉戏谷有限公司各个部门领导与职工的热心帮助,特别感谢李涛、浦晓旦、张静、韩德苏、周皓然、马杰、唐雷、杨青、狄国伟、张黎伟、陈彬、陈黎明、吴玉等为本书提供了图片、数据资料和修改建议。

同时,本书得到北京市教育委员会 2014 年长城学者培养计划项目《中国遗产保护与旅游开发协同机制》（编号：CIT&TCD20130302）、北京市教育委员会 2013 年度创新能力提升计划项目（人文社科艺术类 TJSHS201310031011）、北京旅游形象国际整合营销与创新传播战略研究（2013~2015 年）、北京市自然科学基金"北京市建设国际旅游枢纽的发展模式与协调机制研究"（编号：9132006）、北京社会科学基金基地项目"一带一路"背景下京津冀旅游一体化战略研究（编号：15JDJGA006）项目的支持。

邹统钎

2016 年 5 月 30 日

案例编写第一次研讨会

案例编写成员在环球动漫嬉戏谷调研